シニフィエを買いに。

これからのためのセゾン・マーケティング論

松本 隆

Saison Creative

1979年のポスター。
男女雇用機会均等法（1986年）以前に「女の時代。」を宣言

9 期全館大増築でライフスタイルを生み出す百貨店へ

一新した西武百貨店池袋本店のオープンを飾ったポスター（1975 年）。台頭し始めたニューファミリーに対するライフスタイル提案がテーマ

名画を描いたトロンプルイユ的外装シャッター

包装紙・マークも刷新

現代美術に特化した
西武（セゾン）美術館

Saison Creative

クリエイティブで時代を表現・予見した時代

企業テーマ発信の先駆けとなった 1980 年の広告

ウディ・アレンを起用、コピーも本人筆（1982 年）

「じぶん、新発見。」に続き 6 文字コピーで
西武百貨店の方向性を示した（1981 年）

「ほんとうにほしいものがあるとそれだけでうれしい」。だから、ほしいものが、ほしい（1988 年）

地域に応じて広告表現は変幻自在に

工業地帯だった川崎でファッションを売る挑戦を“事件”としてアバンギャルドに表明（1988年）

池袋本店9期大増築後、船橋店が美術館やコミュニティ・カレッジを備えた本格都市型百貨店に変貌。ティザーキャンペーン第2弾（1978年）

琵琶湖をネス湖に見立てた大津店の開店告知。店名も開店日も記さず地域の関心を高めた（1976年）。ティザーキャンペーン第1弾

有楽町店は店舗面積の狭小さを「ほどよい狭さ」と逆手にとり、セゾングループの情報発信拠点としての“大世界”を実現（1984年）

はじめに

こんなに良い商品なのに売れないと悩む社長がいる。宣伝が足りないからだと簡単に理由付けをする。そして、テレビコマーシャルは高いからソーシャルメディアだな、SNSなら……と手法の議論に突入していく。でもちょっと待っていただきたい。「〝良い商品〟とは何ですか?」と尋ねると、「それはね、選りすぐりの国産素材で、縫製も日本のトップクラスの工場で仕上げ……」とまくし立ててくる。「それをお客様はどのように理解しているのですか」と問うと、「ここにしっかり表示してある」と憮然と言い切ってくる。

現在、顧客のクローゼットに服はいっぱいあり、それらを押しのけて新たなものを買うにはそれなりの理由がなくてはならない。ましてやサブスクリプションも含め、レンタル、リースの時代である。所有という概念も薄れている。モノからコトへのシフトは加速し、体験価値のウエイト向上は留まることを知らない。しかし、この流れは昨今始まったことではない。本書でも明らかにしていくが、〝コトはモノ消費の大きな動機であり、モノの中に詰まっているコトの理解と編集にこそ商機がある〟のである。

その理解と編集は、ただの〝今どき〟や〝流行り〟という浅い考えで行われてはいけない。流行は時間の経過とともに風化するし、それ以前にデビューと同時に同質化の波に飲み込まれるからである。そうならないための唯一の特効薬は、常に生活者にとっての〝意味〟を追求し続けることである。意味とは何か。本書では〝シニフィエ〟というキーワードから読み解いていく。そして意味を感じ、選択し、決定していくプロセスには、それを具現化するための理論と技法が存在している。

その根底にあるのが〝記号論〟という学問である。人類にとって最も重要な〝言葉〟というコミュニケーション技術の構造を理解し発展させる学問と言える。1980年代初頭のニュー・アカデミズムの台頭とともに広がり、90年代に入りバブルとともに影を潜めた感があるが、そもそもバブルとはまったく関係がない。消費の異常な膨張と崩壊の巻き添えになるものではないのだ。私自身が実際、流通の現場で永きにわたり記号論を活用してビジネスと対峙し、それなりの成果を上げることができている。

この記号論を含めた理論、コトから始まるモノ消費という考え方を実践し、流行に惑わされることなくシニフィエを見つめ、次々に新業態を生み出した企業グループがあった。セゾングループである。80年代後半には〝生活総合産業〟を掲げ、流通のみならず不動産、ホテル、化学から金融まで100社を超える日本最大の流通グループとして君臨した。しかし91年、代表の辞職からグループは崩壊した。

セゾングループは西武百貨店に始まり、西友、パルコ、ファミリーマート、クレディセゾン、無印良品、ロフト、イープラス、リブロ、吉野家、イルムス、ザ・ガーデン、ジャガージャパン、インターコンチネンタルホテルズ等で構成されていた。これら企業には西武百貨店で生まれたマーケティング理論が暗黙知化し、底流に流れていた。

その本質を記すには、創始者である堤清二氏（以降、敬称略）に触れないわけにはいかない。しかし、2013年までの86年に及ぶ生涯を疾風のように生き抜いたこの偉人を正面から捉えるとなると、数巻からなる超大作になってしまう。さらに辻井喬というペンネームによる小説や詩などまで評価する力など私は持ち合わせていない。よって本書は、実業の世界に絞り込んだ。実業と言っても堤のそれは、文化、芸術、哲学、歴史など多様な学問的領域と深く絡み合っているから、ひも解くにも必然的に大変な労力が伴った。

経済人としての堤に焦点を当てた書籍は、これまでも多数出版されている。しかし、兄・堤義明氏との確執であったり、財務的失敗であったりが誇張され、外郭的にセゾングループを網羅したものが目立つ。また、そのほとんどは作家やジャーナリストによるものである。グループ内部で堤＝セゾンのマーケティングをぼろぼろになりながら実践した人間の体験をベースに著されたものではない。

私は75年に西武百貨店に新卒で入社し、販売の現場から企画・マーケティング、商品開発、そして経営まで42年間にわたり、セゾングループの企業文化の中に在籍した。だからこそ、そこで実践されてきた理論や技法を記録しなければならないという使命感から、この大作業に臨むことにした。堤から直接指導を受けた最後の世代であることも、執筆に駆り立てられた動機である。しかし、過去を偲ぶとか成功譚を披歴しようなどという気持ちは毛頭ない。財務戦略さえ間違っていなかったら、セゾングループは今も巨大企業グループとして息づいているだろうし、各企業が今もそのマーケティングを実践し、成功し続けていることが何よりも証明しているからだ。このような持続可能性からみて、セゾン・マーケティングは決して過去の栄光ではなく、むしろ〝これから〟のための理論であり技術だと確信している。

本書は、セゾン・マーケティングの起点となった70年代中盤の西武百貨店の現場で使われたキーワードを切り口に論考を始めている。当時の現場はジャングルのようなカオスであり、女性や若者が活躍する場であった。人気企業だったため東大や京大の出身者も数多くいたが、学歴はまったく関係なかった。ただただ企画が〝冴えてる〟かどうかが判断基準となっていた。今でも通用する企業としての世界観が、そこにはあった。

次に、マーケティングの根底に流れていた理論について述べている。これは、少しでも堤の考え方を理解したくて、およそ10年にわたり苦労しながら堤が読んだ書籍をトレースして読みふけった私自身の経験と実績に基づいている。足下にも及ぶことすらできなかったが、その悪戦苦闘の中からの類推として捉えていただければ幸いである。硬い内容もあるが、現代でこそ役に立つ理論なので参考にしていただきたい。

そしてセゾン・マーケティングの心臓部である技法編に進む。行動が消費を生み出すメカニズムに基づき、人真似をせずに自らコトを起こしてマーケットを創り出し、その結果としてモノを売るという技法である。その実践を重ねることによって、私は独自の〝コンテクスト・マーケティング〟へと収斂《しゅうれん》させることができた。この技法を身につけられなかったら、商品開発も経営も何もできなかったと思う。セゾン・マーケティング、コンテクスト・マーケティングへの理解を深めていただくために、百貨店の事例に偏《かたよ》ってしまって恐縮ではあるが、私が取り組んできた商品開発や売場開発の具体例も最後に紹介している。

百貨店に従事する方々のみならず、様々な事業領域の方々のお役に立てると信じている。経済が混迷し、時価総額ランキングでも平成が幕を開けた年には上位30社のうち日本企業は16社もあったが、令和となった昨年は1社のみとなった。このような現実を打破していくためにも、読み切っていただければありがたく思う。さあ、いよいよセゾン劇場の開幕だ。

Contents

第Ⅱ章　セゾン・マーケティングの理論

Contents

第Ⅲ章　セゾン・マーケティングの技法

第Ⅳ章　セゾン・マーケティングの活用

第Ⅰ章

セゾン・マーケティングの現場

ジュニアボード

書類文化

1980年代に入ると突然、〝ジュニアボード〟が立ち上がった。若手メンバーを選抜し、テーマを与え、一定期間を経て発表させるという制度である。音・映像、スポーツ・レジャー、食といったテーマごとに、各7〜8人からなる3チームが西武流通グループ（セゾングループの旧名称）から召集された。30代のリーダーが1人選出され、3人の常務がお世話係として各チームに付いた。20代半ばだった私は、スポーツをテーマとしたチームに指名された。他のチームも含めグループから集められたメンバーは皆優秀で、書類を書く技術を身につけていなかった私は、とても困惑したのを覚えている。

当時の西武流通グループは完全な〝書類文化〟で、〝書き屋〟なる者が存在した。もちろんパソコンはないし、その後普及する書院というワープロもやっと世に出始めた頃の話である。書き屋には2種類の人種がいた。一つはプランを立案し社内取材をしてまとめるプランナー、もう一つはただひたすら字のきれいな清書屋であった。この頃は明朝タイプの文字（ハネ字）が主流で、書道的美文字が書けなければ清書屋にはなれなかった。生来悪筆の私は清書屋になれるわけもなく、プランナーを目指すしか道はなかった。

書類文化は奥が深く、当時のトップであった堤清二がどこまで求めていたかは定かではないが、国家機関が運用している言葉使いやフォーマットを多用していた。B４サイズの用紙を横使いして細かく文字を並べ立てることを「よし」としていた。ここまでは大した話ではないのだが、二つの大きな個性、と言うより問題点があった。

一つは用紙のサイズだ。B４は通常の打ち合わせ用であり、正式会議で使う提案書類は、何とA２（４２０×５９４ミリ）を使用していたのだ。ポスターに使うサイズである。

二つ目の問題は、文字数。情緒的表現まで含んだ長文が、細かい文字でびっしりと並ぶのである。ワードで言えば10・5サイズ、A２ということはこれがA４×４枚分になる。コンセプトや社会的与件、展開計画などを四角や丸の枠で括って、それぞれに書き綴っていくのだが、この囲みで生じる余白を20％としても、1枚で5000文字近く。文字群を囲う四角や丸は、文字を書く手に擦れて紙が真っ黒になってしまうため、裏から書くのが標準だった。ジャバラと言われる文字を囲う四角を連結する記号や、丸型の線引きには製図用の用具が用いられた。提案書というより作品と言うべきものだったのだ。

ジュニアボードでは中間と最終の2回の提案があったので、このA2の〝作品〟が2枚制作された。特に中間報告で使う1枚目で何も為す術のなかった私は、プランナー型書き屋であるリーダーのショートピースで盛り上がった灰皿を交換するのが仕事であった。当然のごとく、資料作成は夜を徹した。会議前日の徹夜は当たり前、しかし不満を述べる者は一人もいなかった。過剰な業務量からくる過労で病気になる者もいたが、それらは全て自己責任として処理された。いやはや、働き方改革が取りざたされる現代では考えられないことである。

ビッグマウスの着地下手

なぜ、そんな劣悪な環境で暴動も起こらず日々を過ごせたのか。答えは二つある。

その後一定の技術を身につけ、プランナー型書き屋となった私の実感からすると、一つ日の答えは、えも言われぬ達成感である。ジュニアボードから数年後、私は販売計画部という店舗企画の元締めのような部門で課長をやっていた。徹夜でA２の提案書を仕上げた朝には、何やら世界を動かしているような達成感と重圧からの開放感で、まさにハイな状態であったことを今でも覚えている。５０００字もの文字を手書きしたという職人的達成感もあるが、たくさんの本を読み、資料を調べ、考え抜いたプロセスがいっぱい詰まった提案書の完成で、「どうだ！　すごいだろ」と胸を張る自分がいたのも事実である。西武百貨店のマーケティングの入り口は、このばかばかしいほどの人時をかけた作業の上にあった。

もう一つの理由は、「とにかく楽しかった」ということに尽きる。どう楽しかったかは仕事内容にも人にもよるが、間違いないのは、会社が毎日のように新しい情報を発信していて、自分たちが注目されているという、スター気どりのわくわく感であった。ただ、まだ事業計画がまったく立っていない生煮えの案件が平気で外に飛び出すのだから、情報の漏洩《ろうえい》リスクは想像の通りある。しかし、計り知れないメリットもあった。そのニュースにより外部から多くの知見なり技術なりが飛び込んできて、結果として形を成していくという現象である。そうなると案件を詰めていた担当者は後には戻れなくなり、四の五の言わずに突き進んでいくしかないのだった。この少々危険な手法は、セゾン・マーケティングの推進力として受け継がれていくこととなった。

当時、私を含めマーケターを自負する社員たちは、話題の商業施設ができたとなると、人より一瞬でも早くその場に行って来て、鋭い批判をしたものである。現地に行って情報を取ろうとすると、呆れた顔でよく言われたのは、「さっきも西武の人が来ましたが……」だった。社内競合がものすごかったのだ。そんな環境だったため、ふわっとした素直な感動などばかばかしくて語れないわけで、その商業施設に何が足りないのか、どこが陳腐なのかを鋭く指摘し合ったのである。

これは自分たちがトップを走っているという自負心からくるおごりであった。取引先を含む世間では「話が西武」と言われ、理屈っぽいことをくだくだ話し続けることや、大言壮語して実現しないことを意味していた。ひと言で言うと〝ビッグマウスの着地下手〟が実態だったのだ。しかし、言ってみなければ何も始まらない。セゾン・マーケティングの基本は、人のやらないことを考えてみる、そしてまずはやってみる、ということだったのである。

一人ひとりが商店主

このマーケティング体質は、営業部門のみならず管理部門、とりわけ人事制度に顕《あらわ》れていた。

まず、ジュニアボードを含め若手の活用に対する意識が高く、プロジェクトが組織されるときには必ず若手の社員が参加するようになっていた。海外研修制度も早くからあり、アメリカのシアーズ・ローバックへの研修留学は、若手の登竜門となっていた。

もう一つは、女性の活躍支援である。育児休暇制度などに始まる諸制度の充実も早かったが、女性マネージャーの育成への取り組みも他社に先んじていた。昨今でも議論されることだが、女性マネージャーを育てるためには、そのプロセスをしっかりと作り上げないと唐突な抜擢人事になってしまう。そこで考えられたのが、「ショップマスター制度」（1975年導入）だった。売場の販売員、係長代行、係長、課長という職制階段とは別に、〝一人の商店主〟という立場で目の前のお客様に接していこうという制度である。仕入権限を大きく持たせ、給与も課長に迫るところまで範囲を持たせていた。これにより、多くの女性マネージャーが出現したのである。ショップマスター集会にはグループトップの堤清二も顔を出すことがあり、士気はかなりの高さであった。これら諸制度の効果もあって、決して高くない給与水準にも関わらず、女性にはなかなかの人気企業だったのだ。

マーケティング視点による極めつけの制度が、あるとき突然、発表された。自分がなりたい職種に入社時から挑戦できる「オーダーエントリーシステム」である。これは、一般には就職と言うけれども実質は〝就社〟であり、入社後にどんな領域の仕事に就くかが全て運に任されるのはおかしいという考え方に基づいていた。働き方改革などという言葉もない1986年の話である。このマーケティングセンスの良さには、当時営業一本であった私も「冴えてる」と唸《うな》ったものだった。新入社員が抱く仕事へのイメージを次々と打ち砕き、目の前の現実に妥協させていくという流れを打破する画期的な制度だと絶賛した。

制度が発表された翌年、私が部長をしていた池袋本店の営業企画部に、オーダーエントリーシステムで入社した2人の新入社員が入ってきた。職種はマーケティングだった。制度に賛同していた私は、満面の笑みでポジティブに2人を迎え入れた。しかし次の瞬間、果たしてどの課に配属するかで悩み始めた。

当時、営業企画部は三つの課で構成されていた。店の企画を作る販売計画課、チラシやパンフレット等を作る販売促進課、ディスプレーなどを担当する装飾課である。各課ともそれぞれにマーケティング視点が必要とされるが、マーケティング課というズバリの課はなかった。つまりどこの課も、それなりのマーケティングの現場経験や技術が必要とされていたのである。結局、1人を販売計画課、もう1人を販売促進課に配属することにした。しかし、売場経験のない2人は、結果としてスタッフのお手伝い的な仕事をする存在になってしまった。理想高く入社してきた社員への対応としては申し訳ないことをしたと、今でも反省している。大学にも一般教養の2年間があるように、せめて2年間の売場経験があればあのようにはならなかったと思う。

鳴り物入りでスタートしたオーダーエントリーシステムではあったが、結局、2年で廃止になった。マーケティングに強い人事部は、良く言えば走ってから考えるチャレンジングなセクションだったのである。

詩人辻井喬の耳

ジュニアボードに話を戻そう。私がいたチームの領域はスポーツ事業だった。メンバーの何人かがヨットマンだったこともあり、テーマは「新しい時代におけるマリン事業の方向性」となった。逗子マリーナ、葉山マリーナ、三浦半島のシーボニアを使った3マリーナ事業を提案した。

中間報告のときに初めて堤清二と間近で話すことになった。

自分が何を話したかは記憶していないのだが、同じチームの1年先輩が言ったことだけは今でもはっきり覚えている。「この事業に必要なものは何ですか」と問われ、その先輩は「風です」と答えてしまったのだ。前段でヨット事業の話題が出ていたので、ヨットマンである先輩は「この事業」をヨットと勘違いしてしまったのである。しばし沈黙が走った。堤は遠くを見つめるような表情を浮かべている。やがてゆっくりとした口調で、「風ですね」と、かみ締めるようにつぶやいた。メンバーは固唾《かたず》を呑んだ。すると堤は「マリン事業の成功には、風を起こすことが必要ということなのですね」と、うなずきながら語ったのである。

会議が終わり皆でじっくり考えた結果、「風です」という勘違いから出た言葉を、堤は流行を創り出すというような意味で捉えてくれたのだという結論に至った。いろいろなイベントや斬新なマリンファッションなどを発信して、マリン人口を増やし、事業を成功させるという文脈で捉えてくれたのであろうと。堤清二はそのとき、もう一つの顔であった詩人辻井喬の耳で聞き取ってくれたのだとしか考えられない。

最終提案まで堤は、穏やかな態度で私たちの提案を受け止めてくれた。その後、実際にマリン事業部ができ、3マリーナ時代が到来した。他にも後に、食品チームは大きな話題を集めることになった「西武食品館」につながる提案をし、音・映像チームも音楽を軸としてカウンターカルチャーの発信拠点となった「WAVE」に至る足場を築いていったのである。

堤は若者の意見によく耳を傾けてくれた。一方、経験主義的な発言は、役員であっても頭ごなしに否定されていたようだ。「ようだ」と言うのは、当時の私がまだそういう厳しい指導を受けた経験がなかったことを意味する。堤は、われわれには温厚で知的な紳士に映っていた。まさに、若者や女性という弱者の味方であったのだ。

専門大店

スポーツ館プロジェクト

専門大店構想の口火を切ったのは、「西武スポーツ館」だった。オープンは1979年、池袋本店の歴史に残る9期大増築から4年後のことである。

75年の大増築で西武百貨店池袋本店は、〝人間の街〟というコンセプトのもと、館内に郵便局まで備える巨艦店になった。その主眼は、豊かになった顧客の要望に応えることである。すでに当時、他社に抜きん出ていたラグジュアリーブランドの立ち並ぶ目白側ゾーンも売りだったが、日本にはまだなかった大型冷蔵庫とカラフルなキッチンダイニングを揃えた家庭用品売場「オーマイダイニング」など、新しいライフスタイルを各フロアで展開したのである。

とりわけ注目を集めたのが、遊・休・知・美を切り口とし、まさに豊かなライフスタイルのサポートに特化した「ロワジール館」であった。8・9階にスポーツ、10階に音・映像、11階にブックセンター（リブロ）、12階に美術館（西武美術館）という、ロワジール（レジャー）を体現するフロア構成を採っていた。坪当たりの売上を追求する百貨店が本格的な大型美術館を内部に持つとはいかがなものかと、西武美術館は何かと話題になった。

その一方で、着々と革新と挑戦を始めていたのがスポーツフロアだった。

78年春、私は突然、スポーツ館プロジェクトのスタッフに選任された。百貨店では一般に、改装した売場に対する次の投資は早くて5年後が常識である。投資に対する減価償却費の回収という意味からも妥当な考え方で、現在でもラグジュアリーブランドはこのタイミングでの改装を百貨店に要求してくる。もちろん、改装効果が明らかに計画に届かず、少しでも早く修正を加えなければならないような場合はこの限りではない。しかし、当時のスポーツ用品部の名誉のためにあえて言わせていただければ、スポーツ領域の売上は前年に対して2桁の伸びを示し、目標の予算を軽くクリアしていたのだ。

ではなぜ、かくも素早く改装プランが進められたのか。それは、堤清二には、百貨店の衰退という未来図が見え始めていたからではないかと思うのだ。9期大増築の完成後も好調に売上を伸ばし続けていた池袋本店には、全国から多くの同業者が店舗視察に来ていたが、そんなことはおかまいなしだった。ちなみに、当時の西武百貨店の人間は、よほどのことがない限り、同業の他店を視察に行かなかった。百貨店協会等の同業との付き合いも軽んじられていた。全て〝経験主義からの脱却〟という堤の教えに基づいた考え方であった。

堤の頭の中には、ライフスタイルを深化させ続ける顧客の要求に応えるためには「百貨店は専門店の集合体になるしかない」という専門大店構想が出来上がっていたのである。そこにはスポーツ用品部の投資回収などという考えは微塵もなかった。折に触れて言及するが、当時の西武百貨店には事業計画をしっかり詰める習慣もなければ、投資回収状況の厳しい追及もない、極めて甘い体質だった。後に売上至上主義という不名誉なキャッチフレーズで語られることになるのだが、堤からすると利益回収などかまっていられない、とにかくすぐに次のことを実行しなければ、という焦りのようなものがあったのだと思う。

スポーツ館プロジェクトは、船橋店で部長をしていたエネルギッシュなラガーマンのリーダーと、ジュニアボードで「風」と言い放ち堤を翻弄した1年先輩のヨットマンと、何の取り得もない私の3人でスタートした。プロジェクトに先行して商品部ではある程度の構想はできていたものの、まさに絵に描いた餅状態だった。プロジェクトは昼食休憩15分を挟んで毎晩23時まで、ほぼ休日なしの過酷な条件下で1年半続いた。

私が担当したのは、当時の西武百貨店の呼び方ではソフトサービス領域にあった「スポーツ情報サロン」だった。情報サロンの改革は、各スポーツを広めるための説明や技術の提供が必要という考え方に基づいている。これは「世の中にないものを創り出す」という西武百貨店のマーケティングでは必須のことで、私も何の不満を述べることなく業務に着手した。

ただ、当たり前のことではあるが、誰もやっていないことには二つの意味がある。一つは、誰もまだ思いついていないということ、つまりマーケットを切り拓くという仕事である。もう一つは、とても手間がかかり、ビジネス視点では割に合わないという仕事である。私が担当したスポーツ情報サロンは、明らかに後者であった。

スポーツ館では、ウインドサーフィンやスキューバダイビング、そしてスポーツカイトなど新たなスポーツも紹介することになった。スキューバダイビングであれば、パディとの契約により国際ライセンスを日本で取得できるように動いているチームがあった。これは大変な仕事なのだが、私の役割はそのスクールなり活動の場所なりを案内することなので大したことではなかった。大変だったのは、すでにある野球やテニスなどの一般スポーツだった。インターネットなどなく、情報雑誌も充実する以前の話である。そんな中でも「野球ができるグラウンドを探したい」「会員でなくても借りられるテニスコートを探したい」「一緒にプレーできるチームメンバーを探したい」といった多様なニーズがあったことから、これを解決したいと、向こう見ずにも企画書に書いてしまったのである。

企画した以上は実現させなければならない。野球のグラウンド探しから私の仕事は始まった。ところが、である。公営グラウンドから探し始めたのだが、まったくサービスの悪かった時代で、電話で問い合わせると「都が管理している」「区が管理している」と言うだけで、グラウンド側からは直接返答が得られない。そこで各区役所に出向いて直接、担当者と話すことにした。そのときほど都内が23の区に分かれていることを恨んだことはない。池袋エリアということを鑑《かんが》みると、都下と埼玉県も外せない。私の靴は磨り減ったのである。

多大なる労力をかけてできた売場は「みんなのスポーツコーナー」と名づけられた。近郊のグラウンドからテニスコート、そしてゴルフ場まで無償で案内するほか、情報ボードを設置してチームメイトの募集からイベント情報の発信までフリーで使えるようにし、スポーツ観戦などの旅行にも対応すべく、ツアーカウンターやスポーツブックコーナーも設けた。

この売場のオープンとともに導入されたのが、「ショップマスター」と「マイスター」の制度である。専門大店構想には、専門度の追求という言葉が常について回った。専門を謳《うた》う以上、プロフェッショナルに対応する道具類の提供は当然のことながら、初心者にも丁寧にガイドできる体制が必要になる。そこで専門家をマイスターとして雇用することに力を入れたのだ。大学時代にホームラン記録を打ち立てた長嶋茂雄に匹敵するような野球のプレーヤー、選手権クラスのスキー指導員、卓球の現役選手、プロの登山家らが、赤いベストを着て店頭で接客した。百貨店としては初の取り組みだった。その結果、スポーツ情報サロンは、利益はまったく出なかったが、館全体を活性化する起爆剤の一つとなったのである。

スポーツ館は「西武スポーツ館」と命名され、79年にオープンした。45億円を投じたビッグプロジェクトである。売場面積は実に4400平方メートル。フロアは2階がチャンピオンズ（ゴルフ・一般スポーツ・スポーツ情報サロン）、1階がフィットネス（テニ

スポーツ館のオープニングを飾った
ビヨン・ボルグのポスター

ス・トレーニングウェア）、地下1階がフォーシーズンズ（マリン・水着・スキー）、地下2階がウィルダネス（ヘビーデューティーウェア・登山用品）で構成され、そこかしこに世界初や日本初がちりばめられた。なかでもヘビーデューティーは当時、まったく認識されていなかった概念だった。このゾーンには立ち上げスタッフである私も驚かされた。まだＬＬビーンやエディー・バウアーが、複雑な手続きを要する海外通販でしか買えなかった時代である。これらの本格的なアウトドア衣料はもちろんのこと、雪山登山の専門的な道具まで揃えた売場はまさに圧巻であった。

巨大サイズのオープニングポスターを飾ったのは、当時最も実力があり人気もあったテニスプレーヤー、ビヨン・ボルグ。その後、サッカーの王様と謳われたペレが子供たちのために教室を開いたり、テニスのジミー・コナーズとゴルフのジャック・ニクラウスが店内で遭遇するといった出来事もあった。世界のスポーツ館の様相を呈していたのである。

世界初の専門業態

では、何に突き動かされてここまでいったのか、マーケティングの根拠は何だったのか。スポーツ館プロジェクトは、堤清二が1962年に著した『レジャーの科学』（実業之日本社）から始まったと言える。堤は「これから豊かになっていく日本では、欧米有閑階級の楽しんでいるレジャーがマスレジャーとして広がる」と宣言していた。異母兄の堤義明が経営し、スキー場の運営を含むホテル事業を展開していた西武鉄道グループへの対抗意識もあったかと察せられるが、そのことよりも未来を見通すマーケティングの視点に基づいた考え方であったと私は考える。

すでにマリン事業などで〝当たり〟を感じていた堤は、75年にロワジール館を作って新たなマーケットを開拓したが、その成功に酔う間もなく、スポーツ館でさらなる専門度の追求を始めたのである。このスポーツ館と同じ年に立ち上がったのが、本格的な大型カルチャーセンター「池袋コミニュティ・カレッジ」だった。ここで展開された教室は、他の新聞系カルチャーセンターとは専門度で一線を画していた。この75年の企業テーマが「じぶん、新発見。」（口絵）である。プールの水中を赤ちゃんが泳いでいるポスターは、その年の広告大賞を受賞した。人間の中には大きな潜在能力がある。それを引き出すお手伝いを西武百貨店が引き受けさせていただきます、と宣言したのである。文化に焦点を当て、カルチャーセンター事業の専門度を追求したのだった。

さらに2年後に完成したのが「西武食品館」である。これについてはBtoB用の『食品館白書』という立派な冊子が作成され、何と販売もされた。白書を読むと、当時の西武百貨店のマーケティング視点が随所にちりばめられていることが分かる。ここでは私が感動した売場を二つ紹介し、マーケティング視点の片鱗を感じていただきたい。

一つは、「ホットデリカ」である、百貨店の地下食品売場、通称デパ地下では生鮮産品とともに今と同様、惣菜が売られていたが、顧客は丁寧に包まれた惣菜を持ち帰るしかなかった。そのあり方を大転換し、「出来立て熱々をその場で食べたい」というマーケットニーズに見事に応えたのだ。現在ほとんどの百貨店の食品売場にあるイートインの先駆けである。キャッチフレーズは「見て食べて持ち帰れるデリカゾーン」。その実現に向けて地下3階に大きな工場を作り、各テナントが利用できるようにした。かくしていろいろな出来たて惣菜を提供できる大きなゾーンが誕生したのである。私の知る限り世界初の試みであったと思う。

もう一つが、「グルメキット」だ。これは完全にマーケティングから生まれた商品である。その背景には、女性の社会進出があった。美味しいものは食べたいけれど、帰宅してからゆっくりと支度ができないという人に、適量にカットされ調味料まで入った〝時短商品〟を販売するという発想である。例えば、ビーフシチューは肉汁をなるべく逃がさない調理法で茹でられていて、上質な肉汁で作ったブラウンソースと温野菜が別にパックされている。今では半調理商品からレトルト食品まで時短商品は豊富になったが、グルメキットは世界初で世の中を唸らせた。

専門大店構想とは、豊かな時代の新しいライフスタイルの到来に対して、初めての商品やサービス、そして体験を深い専門度で追求していくという決意の表明であった。このプロセスを経て、セゾングループは後に多くの専門業態を生み出していくのである。

コンセプト

「無」から「有」を生む

セゾンのマーケティングをひと言で言えと詰め寄られたら、かなり迷ったあげく「コンセプト」と答えるであろう。それは売上よりも利益よりも財務3表よりも就業規則よりも大切なものであった。仕事をする前提であり意味であり糧であった。

この言葉を初めて聞いたのは、いつ、どこで、だったろうか。残念ながらはっきりとは思い出せない。前述したように私は1975年に入社し、スポーツ用品部に配属された。簡単な研修を受けた後、担当したのはゴルフ用品売場だった。売場には川波義太郎と小松原三夫というレッスンプロ界の大御所がいて、毎日たくさんのゴルフセットが売れた。私はゴルフウェアの担当だったが、朝から昼過ぎまでゴルフセットの空き箱を壊して捨てるのが日課であった。それが終わると、E倉庫という店外倉庫でマンシングウェアのバーゲン戻り品をたたみ続けた。研修で習った接客用語を使ったのはずいぶん経ってからのことだった。

バーゲン会場と倉庫を往復しながら日々を過ごし、やっと売場に出られるようになった頃、突然内示を受け、スポーツ館プロジェクトのスタッフになった。入社3年目の春のことである。そして駆け出しスタッフの私に立ちはだかったのが、このコンセプトという聞いたこともない言葉だった。

何を訊いても恥ずかしくない素人スタッフであった私は、何人かの先輩をつかまえ、尋ねてみた。しかし答えは「コンセプトはコンセプトだよ、当たり前だろ」と、けんもほろろ。スタッフになったお祝いに買った『現代用語の基礎知識』をさっそく調べてみたが、出ていない。販売促進部に行ってブリタニカの百科事典を見る。出ていない。私は途方にくれた。

家に帰り学生時代に使っていた三省堂のコンサイス英和辞典を引くと、そこにやっとconcept〈n.（哲）概念。〉とあった。さらにその下にはconception〈n.①受胎、妊娠②概念作用、概念、③着想、考案。 a clever conception 気のきいた思いつき〉と出ていた。これでやっとぼんやりと意味合いが想像できた。概念とは哲学用語であると、この辞書は言っている。

しかし、もう一つはっきりしないので休日に図書館で語源を調べると、conceptは〈con-（共に、一緒に）+capere（＝catch〈捕らえる、容れる）〉となっていた。この二つを合わせて概念という意に至るのは納得できる。だが、conの後の「capere→catch→cept」という変化についていけない。それよりも私が興味を持ったのは、conceptionの受胎妊娠という訳である。その後もいろいろ調べてたどり着いたのが、conceptは「子宮」であって、「無」から「有」を生む、「神聖なものを生む」という意味だった。

この謎を解くきっかけとなったのが、「ダ・ヴィンチ・コード」という映画である。主人公はレオナルド・ダ・ヴィンチの絵画「最後の晩餐」の謎解きを詰めて行く中で、「絵の中心は子宮の形を示している」ことを発見する。その場面で〝コンセプト〟という言葉が使われていたのを記憶している。このように今までにない新しい概念を生み出していくプロセスこそが、コンセプトであり、セゾンのマーケティングの真髄なのだと思い至ったのである。

後世まで通じる考え方

マルクス・ウィトルーウィウス・ポッリオという人がいた。紀元前80〜紀元前15年、共和制ローマで活躍した建築家である。と言っても、知る人は少ないであろう。ル・コルビュジェの元の元になった人、と私は理解している。

コルビュジェについては説明の必要もないだろうが、念のために解説を加えれば、上野の国立西洋美術館を設計した人である。キュビズムの画家としても知られるが、押しも押されぬ近代建築の神様である。彼の建築は合理性に基づく快適性に裏づけられ、その基本にはモデュロールという人体の寸法と黄金比から作られた基準寸法がある。国立西洋美術館の設計から施工監督までを実際に担当したのは弟子の前川國男、板倉準三、吉阪隆正だ。コルビュジェは基本設計をしたが、そこに寸法などは書かれていなかったことは有名な話である。サイズやバランスなどは、

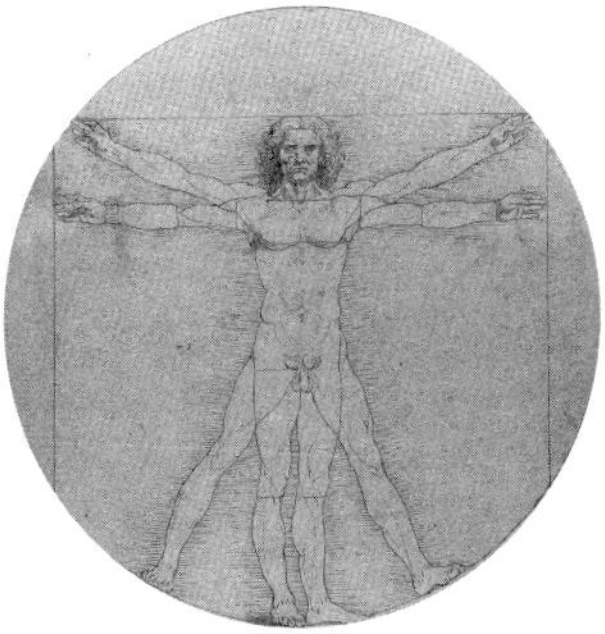

人体均衡図（ウィトルーウィウス的人体図）

全てモデュロールで成り立っていたから必要なかったのだ。

コルビュジェがモデュロールを見出すヒントとなったのが、レオナルド・ダ・ヴィンチの「人体均衡図」である。これは「ウィトルーウィウス的人体図」とも言われている。このことからも分かるように、人体均衡図はルネサンス期に万能の人と称されたレオン・バッティスタ・アルベルティ（1404〜72年）の分析を経て今に伝わっていることを考えれば、モデュロールの誕生は2000年にもわたるバトンリレーの賜物なのである。

ローマ時代を生きたウィトルーウィウスは『建築書』というバイブルを著している。もちろん建築はローマから始まったわけではなく、その歴史はギリシャやエジプトの石積み文化まで遡《さかのぼ》ることができる。その永い建築の歴史にあってウィトルーウィウスが画期的存在となったのは、公共建築から住居までの抜本的な概念、そうコンセプトを提示したことにある。

ウィトルーウィウスが唱えたコンセプトは、フィルミタス（強さ）、ウティリタス（用）、ウェヌスタス（美）という3要素で構成される。昨今の災害からしても強さは必須であるし、便利に使えなければ建てる意味がなく、美しくなければ人はうれしくない。住居に関しては自然との調和に言及し、風が吹き抜ける向きを意識した快適性の追求まで論じている。このように、後の世まで通用する考え方を提示することが、まさにコンセプトなのである。

もう一つ、ティピカルな例を挙げよう。絵画に関する書物にはアルベルティの『絵画論』をはじめ、ジョルジョ・ヴァザーリ（1511～74年）の『美術家列伝』など様々あるが、コンセプターとしてあえて挙げたい重要人物は、英国ヴィクトリア時代を代表する美術評論家ジョン・ラスキン（1819～1900年）である。

ジョン・エバレット・ミレーの「オフィーリア」

ラスキンは美術・デザインの領域に留まらず、マルクス的価値論から経済まで論じているが、私が重視しているのは、ダンテ・ガブリエル・ロセッティ、バーン・ジョーンズ、ジョン・エバレット・ミレーらが展開していたラファエル前派という当時の前衛芸術を理論的背景とともに擁護したことである。

ラファエル前派は英国ロイヤルアカデミーが主導する古典主義的な表現一辺倒の美術界を批判し、その完成版を作ったルネサンス時代のラファエロ以前の自然な表現に戻ろうと主張した。これに対してアカデミーと知識人たちは大批判を展開した。その渦中でラスキンは知識人の中で唯一、産業革命によって失われつつあった〝自然〟という立ち位置からラファエロ前派を擁護したのだ。この理論に誰も歯が立たなかったこともあり、現在も素晴らしいラファエル前派の絵画が、英国テート・ギャラリーで鑑賞でき、日本でもしばしば展覧会が開かれている。日本で最も有名なのは、ミレーの「オフィーリア」だろう。様々な草花で囲まれた水面に花束を握り締めた少女が仰向けに浮いている、あの幻想的な絵画である。

ラスキンのもう一つの大きな功績は、アーツ・アンド・クラフツ運動のコンセプターとしてウィリアム・モリス（1834～96年）を支えたことだ。モリスの師であるラスキンは「装飾は建築の主要部分である」と唱えた。しかし、当時のイギリスは産業革命がもたらした画一的な大量生産により、装飾とはかけ離れた粗悪で悪趣味な日用品が溢れていた。その中でモリスは、ロンドンの万国博覧会などで紹介された日本の陶器の絵付けや浮世絵などの表現にも後押しされながら、花をテーマにした素晴らしいデザインを発表していったのである。アーツ・アンド・クラフツ運動はフランスに渡ってアール・ヌーボーとして花咲き、後に日本でも柳宗悦（1889〜1961年）らの民藝運動として大きな流れを作った。

経済発展が引き起こした諸問題を、壁紙などの装飾物のデザインが解決していくという思考である。デザイナーたちがクライアントから要請を受け、具体的な解決策を提示するという仕事のあり方のルーツとも言える。ラスキンは現代にも通じるデザインのコンセプトを作ったのである。

根底から考えよ

話を1970年代半ばの西武百貨店に戻そう。社会的意味を前提とし、人真似をしないでゼロから考えるという西武百貨店にとっては、コンセプトというワードが三度の飯より大切だった。したがって、コンセプト作りには膨大なワークを必要とした。

そのあまりのエネルギーのために実施計画がお粗末になるという、情けない事態がしばしば起きていたことも認めざるを得ない。A2サイズの提案書には、社会的与件とか、流通グループとしてのポジショニングとか、シナジーに向けたビジネスシーズについてといったコラムの文字群が左から右へ、さらに改行を重ねながら溢れていき、紙面中央を越えたあたりでいよいよコンセプトのお出ましとなる。そこまでしっかりと周辺を固めなければ、コンセプトは一蹴《いっしゅう》されてしまうからだ。余白が4分の1を切ったあたりで、ようやく何をやるかを書くのだが、その頃には疲れ切ってしまって、詰め切れていない計画が並ぶことが多かった。今にして思えば、実効性の弱い、事業計画としては情けないものであった。

販売計画課長をしていた85年のこと。私は3〜5月の第1四半期の営業展開計画を作り上げようとしていた。この四半期は春夏ファッションの実売期なので、そこそこの売上高がある。ただ、第2四半期の中元ギフトや第3四半期のクリスマスのような目玉歳事がなく、計画の中軸となる大型企画を据えられない。大型企画は店舗企画部隊の主導で作り上げられるが、館全体の盛り上げを図るため、通常は紳士、婦人、インテリア、食品等の主要商品領域部門もともに考え、練り上げていく。ところが、この第1四半期だけは、実売期に入る婦人・紳士服は黙っていても売れるので、それら部門は余計なことはやりたくない。店舗企画部隊としては現場の協力が得にくく、最も苦戦する四半期なのである。

そこで私はファッションを離れ、〝コト消費〟をテーマとしてモノの消費につなげる策を考えていた。するとその頃、同じように考えあぐねていた本部から、「ヴァカンスキャンペーン」というテーマが出てきたのである。私はこれに飛びついた。しかしコンセプトがなかったので、企画作りのための学習から始めることにした。ヴァカンスで何をするかと言えば、普通に考えて旅行である。とはいえ、ハワイ、タヒチ、フィジー、ゴールドコーストは、すでにビーチリゾートの定番になっていた。私たちは定番を並べることを〝企画〟とは呼ばなかった。「根底から考えよ」、私の中の企画魂が私に指示した。

当時はホイチョイ・プロダクション（80年代に4コマ漫画「気まぐれコンセプト」などで支持されたクリエイター集団）の登場前ではあったが、バブルへまっしぐらの時代だった。六本木ではタクシーがなかなか止められず、一万円札を翳《かざ》さなければ停まってくれないなどという話がちらほら出始めていた頃である。バブル期の話をすると必ず「いいなあ、そんなに楽で楽しい時代に生まれたかったですよ」と、この時代を知らない人たちからはうらやましがられる。しかし冗談を言ってもらっては困るのだ。「ジャパン・アズ・ナンバーワン」と今では笑ってしまうようなことが信じられ、皆が何かに追われるように残業残業の厳しい日々を過ごしていた。「24時間、戦えますか?」の時代だったのである。

そこで私は考えた。無茶働きをしてやっとつかんだ休みに求めることは何か。そうした顧客へのコンセプトは〝心と身の解放〟、まったく時間を気にせず、ドカンと谷底に落ちていくような昼寝だと直感したのである。場所は南の国、大きなベッドの四隅には白いカーテンが風に揺れ、ベッドの両サイドには大きな木の葉で煽《あお》いでくれる女性たちがいる。疲れた体には観光など要らない。ゆっくりとした時の流れとまどろみが、心を芯から癒してくれればそれでよい。このような考え方でツアー企画を立案した。

テーマは「ソーニョ・ディ・オーロ(Sogni d'oro =黄金の夢)」。企画開発と称するイタリア出張で、あちこち歩き回っていたときに聞いた言葉である。話の主が暮らす地域では、「おやすみなさい」の後に「黄金の夢を見てね」と付け加えると言うのだ。黄金とバブルは相性が良く、開放された眠りの先に黄金がちらつくのは悪い話ではない。

企画仲間に話したら絶賛の嵐、「冴えてる〜」の連呼。しかし旅行事業部に提案したところ、ノリの悪いことこの上なしだった。ビッグヒットする企画はだいたい事業部は乗らないものよ、と自分に言い聞かせた。上司の力も借りて何とか企画を成立させ、パンフレットも作り、その情景パネルをファッションゾーンのディスプレーにした。評判は上々で、新しい物好きの役員たちが出席する会議も軽くクリアすることができた。しかし何と、このツアーの申し込みが1件も入らないのである。来る日も来る日も申し込みはなかった。旅行は当然、没《ぼつ》。その後しばらく、旅行事業部は私の提案に耳も貸してくれなかった。

それからずいぶん時が経ち、当時の私の企画と同様のツアーが当たっているという話を聞いた。「あのコンセプトは正しかったのだ、ただちょっと早すぎただけ」と、私はいつものように自分を慰めたのである。

クリエイティブ

都市という構造のレヴェル

私はセゾン・マーケティングのスタートを、1975年の西武百貨店池袋本店の9期大増築完成の時に置いている。〝クリエイティブ〟が始まったのもここからだ。私事で恐縮ではあるが、あなたの最も誇れることは何かと問われたら、私は迷わず75年に西武百貨店に入社したことだと答える。それほど西武美術館、ロワジール館、ラグジュアリーゾーン、郵便局に象徴される百貨店への街機能の取り込みなどは革命的なことであり、その後の消費マーケットに多大な影響を与えた一つの事件だったのである。

『TOWN9』という77年に発刊された冊子に一篇のコラムが掲載された。9期の取り組みに対する当時の客観的な見方を知っていただくためにも、紹介させていただきたい。

「（百貨店は）ショッピングの場であり、家族的であり、親しみやすいことはかわりないが、同時に、それは二重の意味でたんに必要な物を買う場を超えた空間として動き始める。この空間としての機能は、普通の意識のなかには直接あらわれてこないが、人々はむしろそれを経験し受け入れ、肉体的にはよく承知している。ひとつは、それは都市という構造のレヴェルで考えねばならない空間だということである。もうひとつはそれはわれわれの生きている文化の性格――端的には消費という概念の根深い意味をあきらかにするような空間である」

少し長い引用になってしまったが、9期大増築が大きなテーゼを社会にぶつけようとしたことはご理解いただけたであろう。とりわけ「都市という構造のレヴェル」という表現からは、郵便局まで含めた街機能の取り込みという、利益を追求する商業施設がかつて行ってこなかったことに挑戦したことへの驚きと評価が窺える。「われわれの生きている文化の性格」「消費という概念の根深い意味」については、記号論の考え方を理解するとより分かりやすいと思うので、第Ⅱ章の所有論の項（135頁）を参考にしていただければ幸いである。

コラムを書いたのは、多木浩二氏（1928～2011年、兵庫県神戸市生まれ、東京大学文学部美学美術史学科卒、美術評論家、写真評論家）である。堤清二とも親交が深く、示唆に富む書籍を多く著してきた。特に『生きられた家』（１９７６年）、『眼の隠喩』（１９８２年）、『欲望の修辞学』（１９８７年）は、私の記号論的思考に大きな影響を与えていただいた。

コーポレートアイデンティティー

さて、クリエイティブとは何であろう。ウィキペディアでは「広告などの制作物のこと」と言い切られてしまっている。しかし、確かにそうかもしれないが、制作物が出来上がるまでにはそれなりのプロセスがあることに興味を持っていただきたいのである。クリエイティブについては、辞書に出てくる「想像力のある」「生産する、生み出す」「想像力、創作力」ということから理解を深めていただきたい。

私がクリエイティブの原点を１９７５年とするのは、西武百貨店が会社としてのアイデンティティーをこの時点で創り上げたことに起因している。ＣＩの確立である。今ではコーポレートアイデンティティーを創り出すとか変更するということは、日常的に耳にし、企業の合併吸収などの際には必然のことでもある。しかし75年当時は非常に珍しいことであり、ロゴマークからコーポレートカラーまでしっかり決めるということ自体が、まさにクリエイティブだったのだ。

西武の「西」を図案化したロゴ（左）から刷新されたマスメディアマーク

まず、マスメディアマークが決められた。ローマ字のＳＥＩＢＵの下に西武を置き、角のとれた正方形で囲むという、今でもチラシや新聞広告の右下にあるものである。そしてコーポレートカラーもこのときに決められた。一般的に小売業の看板の色は暖色であるのに対して、西武百貨店は寒色のブルーを選んだ。これについてデザイナーの草刈順氏のコメントがあるので引用したい。

「とにかく暖色が好まれる小売業の中で、とくに寒色（ブルー）が選ばれたのは、これからの市民生活におけるあらゆる要求に対し、感覚的というよりも知的に、抽象的であるよりも具体的に応えていこうという積極的な姿勢の現れにほかならない」

しかし、私も含め社内外に最もインパクトを与えたのは、現在も使われているブルーとグリーンの通称〝ボールマーク〟でデザインされた包装紙（口絵）である。ブルーとグリーンという配色、これは通常のファッションコーディネイトではあり得ない組み合わせであり、ある意味で違和感のあるものだった。しかし独特の明度・彩度で組み合わされ、白地にバランス良く配置されると、これが何とも言えずしっくりくるのだ。後に思い至ったのだが、俵屋宗達の「舞楽図屏風《ぶがくずびょうぶ》」のバランスや、尾形光琳の「燕子花図屏風《かきつばたずびょうぶ》」の配色リズムに通じる普遍性を持っているのである。

この包装紙をデザインしたのが田中一光氏（1930～2002年、奈良県生まれ、京都市立芸術大学卒）だった。昭和を代表するグラフィックデザイナーである。その後設立されるデザインコミッティー（堤清二が組織した外部デザイナーからなるクリエイティブチーム）を含め、西武百貨店から始まるセゾングループのクリエイティブは田中氏のもとにあったと言っても過言ではない。ちなみにブルーとグリーンの組み合わせは、今や別の資本下にあるファミリーマートの看板にも脈々と生き続けている。

9期は諸々の新しい試みがあったが、店舗空間のデザインという領域でも多くの革新的な挑戦があった。これを手がけたのが、〝日本のエッシャー〟と称されるグラフィックデザイナー福田繁雄氏（1932～2009年、東京都三鷹市生まれ、東京芸術大学図案科卒）だった。

特筆すべきことの一つは、サイン計画である。うなぎの寝床と言われた西武百貨店池袋本店はただ長いだけでなく、Ｙの字を寝かせた形になっていて、目白寄りは導線が二股に分かれている。福田氏はそこに着眼した。お客様がスムーズに移動できるよう、案内板を赤、緑、青と三つに色分けし、天井に中央から放射状に線を伸ばし、各館の番号を表示したのである。これで店内案内は革命的に分かりやすくなった。また、トイレやエスカレーター等の表示には、今では当たり前になったピクトグラムを導入した。

福田氏らしさが最も表れたのは、レオナルド・ダ・ヴィンチの「モナリザ」、ボッティチェリの「ヴィーナスの誕生」、ジョルジュ・スーラの「グランド・ジャット島の日曜日の午後」が描かれた外装のシャッターである。波打つシャッターに描かれた絵は近くではペンキの滲《にじ》みにしか見えないが、少し離れると像を結ぶという、福田氏お得意のトリックアートであった。店内でも「ポケットパーク」と呼ばれた休憩所に巨大なボストンバッグをソファとして配置するなど、遊び心も満載だった。

私は後年、福田氏の自宅を訪ねたことがあった。地図を見ながら家を見つけ、ドアを開けて入ろうとすると、それは描かれたドアだったのだ。実際の入り口は隣りにひっそりとあった。自宅にまでトロンプルイユ（だまし絵）が持ち込まれているのには驚いた。その日、会話の流れで私がアルチンボルド（1526〜1593年、イタリアの画家、花や野菜を集めて顔を作った絵が有名）が好きだと言ったことから話が盛り上がり、福田氏は書庫からいろいろな図録やら画集やらを引っ張り出してくれ、仕事そっちのけで話に花が咲いたことを今でも懐かしく思い出す。

一方、田中一光氏は小柄ながら威風堂々とした人だった。何度か打ち合わせや会議の場で同席したのだが、何とも言えない強いオーラが出ていて、直接お話ししたことはなかった。その陰にいて人当たりが良く話しやすかったのが、廣村正彰氏（1954年〜、愛知県生まれ、武蔵野美術短期大学商業デザイン専攻科卒）だった。田中氏の実質的な後継者として、2020年の東京オリンピック（本書執筆時点で新型コロナウイルスの感染拡大により21年夏に開催延期）では全33競技・50種類のスポーツピクトグラムをデザインするなど、今も日本のデザイン界をリードしている。廣村氏は88年に廣村デザイン事務所を開設し、08〜10年の池袋本店の大改装でも、クリエイティブディレクターとして全館のディレクションを担っていただいた。西武百貨店は、そごう・西武となった現在も、田中氏の一貫したデザインの中にあるとも言える。

時代精神の収納庫

9期のクリエイティブの目玉は12階に登場した西武美術館（1989年にセゾン美術館に改称）である、と私は捉えている。面積720平方メートル、壁面250メートルの本格美術館は百貨店初だった。当時の新聞に「これだけのスペースを割いて果たして採算は取れるのか」といった他の百貨店経営者のコメントが出ていたのを覚えている。発想の次元が違っていて、同業各社には全く理解できなかったのだと思う。

このプロジェクトを推進した多田美波氏（1924〜2014年、台湾・高雄市生まれ、女子美術大学師範科西洋画部卒、彫刻家）は、「デパートの中という生活の場の中に存在する芸術文化のあり方を求めながら、多様性に富んだ現代の芸術をそのまま巾広く迎え容れることの出来るもので、美術館の主義主張を持たないで芸術の時代精神の拠点としての機能を果たす場としての美術館にしたいという主旨にもとづくものでした」と述べている。

西武美術館を創立した堤清二本人も、プレ・オープニング展「日本現代美術の展望」の図録でこう述べている。

「この美術館の運営は、いわゆる美術愛好家の手によってではなく、時代の中に生きる感性の所有者、いってみればその意味での人間愛好家の手によって動かされることになると思われます。美術館であって美術館ではない存在、それを私達は〝街の美術館〟と呼んだり、〝時代精神の運動の根拠地〟と主張したり、また〝創造的美意識の収納庫〟等々と呼んだりしているのです」

プレ・オープニングの時点で「もの派」の関根信夫氏（１９４２〜２０１９年、埼玉県大宮市生まれ、多摩美術大学大学院油画研究科修了、彫刻家）の作品が展示され、かなりハードな現代美術館だと思った。その次に開催されたのが「泰西名画展」だった。西欧の名画の数々が展示され、社員が入れないほどの大盛況となった。しかし堤は観にも行かず、まったく評価していなかったと、風の便りに聞いた。堤が求めていたのは〝時代精神〟を反映した近現代美術館だったのである。

その後、開かれた主な展覧会を追ってみたい。

翌76年には「カンディンスキー展」「エッシャー展」「ロダン展」「タピエス展」「ドガ展」、77年「フンデルトヴァッサー展」「エルンスト展」「アベドン写真展」「ヴュイヤール展」、78年「熊谷守一展」「ジャスパー・ジョーンズ展」「デュフィ展」、79年「ミロ展」「マッキントッシュのデザイン展」「エゴン・シーレ展」「荒川修作展」「カルダーの世界展」、80年「デューラー版画展」「ミレー、コロー展」「レニ・リーフェンシュタール写真展」「パウル・クレー展」、81年「ヴァザルリ展」「モネ展」「ボテロ展」「マルセル・デュシャン展」「ピカソ展」、82年「ジャン・デュビュッフェ展」「ルーベンスとその時代」「セザール彫刻展」「ジョージ・シーガル展」「芸術と革命展」、83年「アンリ・ミショー展」「古代エジプト展」『ジャコメッティ展」「シュヴィッタース展」「菅井汲展」、84年「スーラージュ展」「ヨーゼフ・ボイス展」「ピカビア展」「黄金のファラオ展」、85年「アルマン展」、86年「イブ・クライン展」「ニコ・ピロスマニ展」「ルーチョ・フォンタナ展」「横山操展」、87年「田中一光デザインのクロスロード」「横尾忠則展」「ゴヤとその時代 ― 18・19世紀のスペイン美術展」「もの派とポストもの派の展開」「モンドリアン展」、88年「クリスト展」「ダダと構成主義展」、89年「カレル・アペル展」「中西夏之展」「メキシコ・ルネサンス展 ― オロスコ、リベラ、シケイロス」、90年「ワイエス展 ― ヘルガ」「マン・レイ展」「イヴ・サンローラン展」……。

私が実際に観て印象に残ったものだけ、ざっと挙げさせていただいた。日本初のものも多く含まれていて、近現代美術の発展に寄与したことは間違いない。

そして〝薄暗い本屋〟として語り継がれている「アール・ヴィヴァン」も、当時の西武百貨店のクリエイティブを語るうえで欠かせない。分厚い写真集はもとより、日本では見たこともない現代美術の画集などが販売されていた。イブ・クライン展のときに、アール・ヴィヴァンで売られていたクライン・ブルーの顔料を私は今でも大事に持っている。

75年から始まったクリエイティブのうねりは、その後の多店舗化、さらにはセゾングループが拡大する過程でも、常にバックボーンであり続けたことは言うまでもない。西武らしさ、セゾンらしさとは、クリエイティブによって作られていったと言っても過言ではない、と私は考えるのである。

コピーライティング

ティザーキャンペーン

「セゾンのマーケティングと言えば宣伝のうまさだったよなあ」。今もそうひと言で言われる。50歳を優に超える人々からである。本当にそうだったのだろうか。当時のセゾン・マーケティングを理解していただくためにも、私はクリエイティブの始まりを1975年と断言しているので、9期の宣伝から振り返ってみたい。

ポスターには「手を伸ばすと、そこに新しい僕達がいた。」というコピーが横一行で並び、その下に小さい文字で「公園がある、美術館がある新しい西武。池袋本店全館大増築完成。9月19日（金）オープン。」と続いている（口絵）。ビジュアルは30代の開襟シャツの男性に、オレンジ色のワンピースの外国人女性、その間にはなぜだか裸の2〜3歳の男児が座り込んでいる。アートディレクターとデザイナーは山城隆一氏、コピーライターは秋山晶氏、フォトグラファーは横須賀功光氏である。

右下のロゴマークも変わり、西武の「西」を野球のボールのような形に図案化した伝統的なボールマークからＳＥＩＢＵマークになり、ポスター全体が引き締まった感じになっている。テーマは、ニューファミリーと言われる新しい家族にとって、ちょっと良いものを探せる場所ができましたよ、ということである。実際、前述した「オーマイダイニング」にはまさにアメリカのダイニングが再現されていたし、目白寄りの高層エレベーター前にはヨーロッパブランドの高級店が並んでいた。私はこの店頭の素晴らしさには感動したのだが、ポスターはあまり好みではなかった。まだ実際の売場が宣伝に勝っていたのである。

宣伝の反撃は、いつから始まったのか。私の主観であり他の方々のご意見も多々あろうとは思うが、9期オープンの翌年、76年と捉えている。西武大津店の開店告知（口絵）である。このポスターは深いブルーの1色刷りで、中央左にネッシーと思《おぼ》しき生物が首をもたげている。コピーは「6月某日、びわ湖に出るぞ。」である。アートディレクターは田中一光氏、ディレクターは浅葉克己氏、コピーライターは西村佳也氏、フォトグラファーは目羅勝氏、イラストレーターは一木秀夫氏。そこには、一新された西武のロゴはない。どこの会社もしくは公共団体のポスターか、分からないのである。

これは、一般にティザーキャンペーンと呼ばれるものだ。下世話な話で恐縮ではあるが、ストリップティーズから来る言葉で「焦らす」と言う意味がある。具体的には、会社名やブランド名などを伏せ、徐々に全貌を明らかにしていくという広告手法である。今ではサラッと説明されているが、当時はかなり衝撃的であった。琵琶湖をスコットランドのネス湖に重ね、ネッシーロマンの世界に引きずり込む。周辺への配慮が面倒な昨今では、メジャーなメディアも広告代理店も企業もちょっと引いてしまう手法と言える。

このやり方は見事に大津の人々の心をつかんだ。オープンから何年もの間、大津店は売上を伸ばし続けたのである。このときのクリエイティブチームを引っ張ったのが、池袋本店の9期でSEIBUの包装紙を刷新した田中一光氏であった。ディレクターはその後も西武百貨店のクリエイティブを支えた浅葉克己氏（1940年〜、神奈川県横浜市生まれ、広告・タイポグラフィーの第一人者）が務めた。

この手法は、78年の船橋店大改装に引き継がれた。ポスターは、今にも崩れそうな氷の崖から、隊列を組んだペンギンがまさに海に飛び込もうとしている瞬間を捉えている（ロ絵）。コピーは「おーい、何が始まるんだ。11月?日。」。アートディレクター浅葉克己氏、ディレクター飯島則行氏、コピーライター西村佳也氏である。浅葉氏が流れを引き継いだ形だ。〝海の見える百貨店〟として67年にオープンした船橋店は、この大改装で10階建てとなり、翌年には池袋本店に次いで美術館もでき、まさに街のシンボルとなっていったのである。

言葉と物

西武百貨店の広告の底流にある考え方を、アートの世界から掘り下げてみたい。そのシンボルとなる芸術家を一人挙げるとすれば、ルネ・マグリット（1898〜1967年、ベルギー・レシーヌ生まれ、シュールレアリスムの画家）である。もちろん、他にもご意見は多々あることと思う。例えば、スフマートという画法でモナリザを描く一方、戦車からヘリコプターの原理まで構想した天才レオナルド・ダ・ヴィンチを、堤清二さながらの発想法で挙げる人もいるだろう。また身の回りにある果物や花から異質なもの（顔）を生み出したジュゼッペ・アルチンボルドや、だまし絵のエッシャーを挙げる人もいると思

青空の下に夜の帳が下りている。
「光の帝国」（1954 年）

鳥の中に見えないはずの青空が表現された「大家族」（1963 年）

人間の認識を根底から覆す「イメージの裏切り」（1928 ～ 29 年）

う。しかし、セゾンの広告の世界に通じるのは、私はマグリットであると断言する。

マグリットの「大家族」から観ていこう。この絵はいろいろなタイトルでたくさん描かれているのだが、いずれも羽ばたく鳥の輪郭の中が薄雲のかかった青空になっている。空を羽ばたく鳥の中に空がある。大胆な反転である。この発想は「光の帝国」にも生かされている。上部に描かれた青空から視点をだんだん下げてくると街灯の点《つ》いた夜の家になる、という構図である。この手法は、広報活動を成功させるための例えとしてよく挙げられる。「犬が人を噛んでもニュースにならないが、人が犬を噛めばニュースになる」という発想だ。

「イメージの裏切り」という作品は、パイプがどんと一つ描いてある。その下には文字で「Ceci n'est pas une pipe.（これはパイプではない）」と記されている。では何なんだということになるが、マグリット自身は「単にパイプのイメージを描いているのであって、絵自体はパイプではない」と述べている。小学生とのやりとりのようだ。

この作品を有名にしたのはミシェル・フーコー（1926〜84年、フランス・ポワティエ生まれ、構造主義の哲学者）である。著書『言葉と物』で、「この図像にはパイプに似ている事実がある。この類似と肯定は分離する事が出来ない。従って、これはパイプではないという事実を表す事は出来ない」という見解を提示すると、哲学論争が巻き起こった。小学生の喧嘩のような論争が哲学になるというあたりも、極めてセゾン的だと思う。

摩擦係数を上げる

西武百貨店で企画に関わる人たちがよく使ったキーワードに、〝異化効果〟がある。普通のものを何らかの違和感のある提示の仕方で特別のものにしてしまう、という方法論である。これはもともとベルトルト・ブレヒト（1898〜1956年、ドイツ・アウクスブルク生まれ、劇作家、詩人、演出家）が1930年頃、演劇理論の中心をなす用語として使ったことから広まった考え方で、日常的なものを見慣れない未知のものに変えるという演劇手法を指す。広告は人目を惹かなければ意味がないわけで、私たちは〝摩擦係数を上げる〟という表現をよく使ったが、見る者にちょっとした違和感を与えることは必然だったのだ。

この手法を西武百貨店が完全に手中に収めたのはいつかと問われたら、9期に次ぐ10期、専門大店化のスタートから、と当時を知る全ての人が答えるだろう。80年の「じぶん、新発見。」がそれだ。裸の赤ちゃんがすいすいと水中を泳ぐというビジュアルである。アートディレクター浅葉克己氏、ディレクター上坂光信氏、コピーライター糸井重里氏、フォトグラファー坂田栄一郎氏による作品である。ここからヒットメーカーとしての浅葉氏と糸井氏の作品が続くこととなった。

赤ちゃんが実際に目を開けて水中をすいすい泳いでいる、この〝摩擦係数〟たるや計り知れないものがあった。泳ぐ赤ちゃんの左下に、糸井氏によるボディコピーがある。

「生まれた時から、人間て、ずいぶんと大きなエネルギーを充電されているらしい。その、自分でもビックリするような（もしくはウットリするような）力を、どうやって見つけだすのか、のばすのか。これが、これからの課題みたいですネ。できるかぎり、あなたの可能性発見に手をかしたい。西武も、いま、可能性を発見中。期待してください。」

これは、専門大店化の旗印のもとオープンした百貨店初の本格的な学びの場「池袋コミュニティ・カレッジ」のためのコピーでもあったが、後半に「西武も、いま、可能性を発見中。期待してください。」とあるように、企業テーマの発信のスタートでもあった。

ここから浅葉・糸井コンビは、81年に「不思議、大好き。」、82年に「おいしい生活。」（口絵）とヒットを続けたのである。その後も、西武百貨店とセゾングループは共通のテーマを発信したが、86年からはそれぞれがテーマを持つようになった。86年の百貨店のテーマは「元禄ルネッサンス」、グループのテーマは「お手本は、自然界。」であった。ともに浅葉・糸井コンビの作である。私は「じぶん、新発見。」「おいしい生活。」「お手本は、自然界。」の3作は二人の代表作であるだけでなく、日本の広告表現の最高峰と考えている。

摩擦係数の高さという意味では、88年の「川崎事件。」(クリエイティブディレクター宮崎晋氏、アートディレクター大貫卓也氏、ディレクター大貫卓也氏・増田秀昭氏、コピーライター岡田直也氏、フォトグラファー白鳥真太郎氏)を挙げたい(口絵)。聳《そび》え立つ3本の口紅の先から赤い煙が吐き出され、右上には無機質な字体で川崎事件とある。川崎西武のオープン告知のポスターなのだが、よくここまでやったなというのが、刺激の多い会社にいた私の感想であった。下から仰ぎ見る手法は、ロシア・アバンギャルドの表現を知る人間にはお馴染みの威風堂々と見せるやり方である。工業地帯だった川崎に、口紅をはじめとする婦人雑貨や紳士・婦人ファッションを売る百貨店を作ることは果敢な挑戦とも言えるものだったが、それを事件と言い切るのはやはりすごい。

この広告を作った大貫卓也氏(1958年、東京都生まれ、多摩美術大学美術学部デザイン科卒）は博報堂の人間であり、「川崎事件」はそれまでの浅葉・糸井・電通という流れに一石を投じるものだった。大貫氏は豊島園の「プール冷えてます」など多くのヒットを飛ばしたクリエイターだが、この川崎事件はとりわけトリッキーだと感じる。お会いしたこともないのに失礼とは思うが、浅葉・糸井・電通体制への挑戦状のように感じたのだ。ここまで過激な広告表現を「ああそうですね」とさらりと受け止める企業も経営者も他にはいないと分かったうえでの、大貫氏によるチャンスの活用だったとも言えるのではないだろうか。

企業広告から過激な出店告知まで捉えてきたが、どうしても取り上げたい一人のコピーライターがいる。岩崎俊一氏（１９４７〜２０１４年、京都市生まれ、同志社大学文学部心理学科卒）である。サントリーや資生堂などで活躍した日本最高峰のコピーライターの一人だが、西武・セゾンでも歴史に残る素晴らしい仕事をしていただいた。

百貨店で重要な仕事に中元・歳暮がある。各百貨店の広告は「○○のお中元」として包装紙の柄だけを提示するのが永らくの習慣であった。西武百貨店は特にこの領域では後発だったこともあり、テーマを決めて特別に商品開発をするという流れを作った。その走りと言えるコピーが岩崎氏による「会う、贅沢。」だった。83年に新聞に掲載された中元広告である。少し長くなるが、ボディコピーを全文引用する。

「人に会う。時間を作って、会う。おしゃれをしたり、ご馳走を用意したり、一日がかりで故郷に帰って、会う。ひとりの人に会うために、その人の笑顔を見るために、ホントに私たち、いっぱい努力してるんですね。会うって、ぜい沢。人と人の間の、いちばんのぜい沢。『会いたいなぁ』。この気持、この情熱があれば、贈り物は素敵にならないはずはない、そんな気がする、人なつかしい夏です。」

モダンでシンプルで摩擦係数ばかりにこだわった西武百貨店の広告表現の中にあって、これほどまでに心を動かすコピーも存在したのである。この後、私が商品部長になった頃からずっと中元・歳暮のコピーをお願いし続けた。特に後半は「さ・し・す・せ・そ」と呼ばれる日本の調味料にスポットを当てた商品テーマにしたために、毎回知恵を絞っていただいた。ご一緒した中元・歳暮の広告表現は世界一だったと自負している。また、あの笑顔に会いたくなった。

人間は、動物だ。

没になったポスター

「人間は動物だ。」は宣伝用のコピーである。言ってみれば当たり前のことで、祖先の哺乳類が地球上に誕生し、サルが登場し人類に進化したわけで、霊長類などという驕《おご》った表現を控えれば、人間が動物の一種であることに疑いの余地もない。しかし、類人猿の最終の進化形であり、ルール違反とも言える道具の使い方で他の動物の自由を奪い、生息する場所さえ脅かしているのが人間だ。食べるためにだけ多くの動物を飼育し、食い散らかし、美味しい時期を過ぎたからといって廃棄したりもする。

『ガリバー旅行記』を読んだことがあるだろうか。絵本として親しまれているが、ほとんどの人が第1篇と第2篇、つまり巨人の国と小人の国の話を知っていて、子供のために書かれた童話と理解しているのではないだろうか。この物語の著者は、アイルランド生まれの英国人ジョナサン・スイフト（1667〜1745年）。原題を日本語訳すると「船医から始まり後に複数の船の船長となったレミュエル・ガリバーによる、世界の諸僻地への旅行4篇」という長ったらしいタイトルになる。当時流行していた旅行記の形式を借りた風刺小説で、現在のアイルランド問題にも連綿とつながる、富の集中を含めたイングランドに対する不満を主題にしている。

私が取り上げたいのは、4篇の中であまり知られていない残り2篇のうちの一つ、第4篇の「フウイヌム国渡航記」である。この国は高貴で知的な馬の種族により統治され、退化した人間は家畜として不衛生な小屋で飼われている。その体毛の生えた二足歩行の紛れもない霊長類ヒトの呼び名は〝ヤフー〟。現在、ネット界で活躍する一社の名前と同じだ。その会社の名前を初めて知ったときはウィットに富んだ社名だなと感心したのだが、何せ第4篇まで読んでいる人は少数派のため、誰からも共感は得られなかった。

このヤフー（会社名ではなく物語上の生き物、以下全てこの意）は、フウイヌムから投げ与えられる餌を、互いを突き飛ばしながら奪い合う。平常時でも縄張り争いなどをして、平気で殺し合うという利己的で醜い生物として描かれている。スイフトは、人類が戦争で殺し合ったり、自国の利益のために身勝手に行動する姿を風刺しているのである。

「人間は、動物だ。」というコピーが、ここまで考えて書かれたコピーであるかどうかは定かではないが、「お手本は、自然界。」というグループメッセージを打ち出していた頃だったから、当たらずとも遠からずだったのだろう。あいまいな言い方になってしまうのは、セゾンの社史にも記載はなく、いつ誰によって作られたコピーで、クリエイティブは誰で、ということがまったく分からないからだ。つまり没になったポスターであり、コピーなのである。しかし当時、少なくとも企画・販促に関わった人々や本部のマネージャークラスの人々でこの件を知らない人はいなかったと思う。そのくらい有名な話なのである。

この頃、企業テーマについてはまさに聖域で、コピーライターやクリエイティブディレクターと堤清二が詩的なキャッチボールをしたうえで構想が出来上がり、販促はそれに従って制作をしていた。そのプロセスにあるコピーの最終、ビジュアルの最終という折々で決裁が堤に回されるという流れである。ポスターのゲラなり原稿の左上にはB５の紙がホチキス止めされ、そこに堤が印鑑を押すというシステムだった。普通にまっすぐ決裁印が押されていればＯＫなのだが、斜めに押されていれば、その角度によって、不可、ＯＫ

はするものの不満、といった評価が示されていた。私は企画立案の仕事であったため、このハラハラドキドキの経験はない。いつも販促の面々にはご苦労様ですと心の中で手を合わせていた。

そんな中、「人間は、動物だ。」のビジュアルに決裁印が押されることはなく、ポスターのゲラは破られ、呼び出された担当者は怒鳴り飛ばされたという。そのビジュアルとは、筋肉の隆々とした黒人が、背中を捩《よじ》るようにしながらこちらを睨《にら》みつけるというものだったそうだ。私が想像したのは、当時活躍していたカシアス・クレイ改めモハメド・アリが振り返る裸の背中であった。それはそれで美しく、ゴリラさえも震え上がらせる強い人間の一つの象徴とも言えたのだと思う。

激怒の理由は、人種的配慮の欠如であった。今では皆が気づくことだが、タカラの空気で膨らませる黒い人形「ダッコちゃん」がまだ家庭に残っていた頃の話である。クリエイターも販促担当も人間の持つ諸々を脱ぎ捨て、美しく動物界で躍動する姿、ヤフーではない気高さを、黒人の背中で表現しようとしたのだと思う。しかし、キング牧師の暗殺、それを悼みながらも暴動に至らせないために開かれたジェームス・ブラウンのコンサートから10年と少ししか経っていない時代だった。動物＝黒人と捉えられてしまいそうなこのポスターは、やはり駄目なのである。堤の判断は全く正しかったと言える。

畏れと敬意

オーストリアの哲学者・社会評論家イヴァン・イリイチ（1926〜2002年）が1982年に上梓した『ジェンダー』（岩波書店、1984年）という本がある。堤が読んだために私も読むことになった。これ1冊では内容を理解できないので、その2年前に出版された『シャドウ・ワーク』という本まで読む羽目になった。

『ジェンダー』の最初に出てくるキーワードが〝バナキュラー（vernacular）〟である。イリイチはこの意味を「家族で最初に身につけるもの」と捉え、重要視している。バナキュラーに始まる家庭での諸々の仕事が近代サービスの発展によって失われていくという実体を、女性の家事労働（シャドウ・ワーク）に重ね、社会の課題として顕在化させた。この分析の後、イリイチは産業化とバナキュラーの対立という視点で、ユニセックス化とジェンダーという概念を確立していった。

ここで提示されたジェンダーという概念が、その後のフェミニズム意識の一般化に貢献したのだが、当のフェミニストたちからは、バナキュラーという表現で家庭内の状況を実体論的に捉えることで男女差別の固定化を唱えていると批判された。ちなみに、バナキュラーという言葉は現在、「土着の」「自然発生的な」という意味で一般的に使われている。

だが、これにより先天的・身体的性別（セックス）に対して、社会的・文化的に形成された性別をジェンダーとする考え方はスタートした。アメリカではその後、セックスとジェンダーというキーワードで性別を表記する手法が徐々に一般化したが、日本語ではセックスという言葉が性行為を意味するため広がらなかった。最近になってようやく、日本でもＬＧＢＴという言葉の一般化とともに、二つを分類して受け入れる社会へと変貌しつつある。

しかし、40年近く前の話である。人種や性別などあらゆる差別に対して、堤は神経質に反応した。その繊細さは権力に対しても同様で、自分の持っている権力を否定するかのごとく静かで低姿勢な物言いで部下にも話しかけるのが常であった。とりわけ女性の活躍に対する取り組みは早く、79年のポスターで「女の時代。」（口絵）を宣言している。その後もいち早く育休の制度を導入したり、女性の活躍を促すショップマスター制度を導入するなど、次々と施策を打ち出していった。それらは世の中にも広く伝わり、大卒就職人気ランキングの女性の部で西武百貨店は常に上位に入っていたと記憶している。

シネセゾン（1984年開館、2011年閉館）が85年に公開した「火まつり」という映画作品がある。脚本は中上健次、主演は北大路欣也、音楽は現代音楽の武満徹である。舞台は、海と山に囲まれた紀州・熊野の小さな村。海洋公園の開発話が起こり、その利権を巡って村は揺れる。私が特に記憶しているのは、激しい嵐が襲ってくるシーンだ。男たちは皆、下山するが、達男（北大路欣也）は一人残った。雲は飛ぶように流れ、木々は左に右に激しく揺れ、川の流れは滝のように激しくうねり、まるで山が怒っているようなありようだった。達男はこのとき山の神の声を聞いたのかもしれない。やがて山は静まり、数日後に行われた火まつりで男たちとともに達男も暴れまくった。その後、達男による家族の殺害と自殺という悲惨な結末となる。夕日で染まった入り江にカメラが寄っていくと、重油にまみれたハマチが浮いているというラストシーンであった。

中上健次作品の強いメッセージ性について語るのは控えるとして、私が捉えたいのは、なぜ堤清二がこの映画を世に送り出すスポンサーになったのか、である。海洋開発を巡る事件として捉えるならば、西洋環境開発というレジャー開発を手がける会社を傘下に持つセゾングループは明らかに加害者側であり、内容的には自らを追い込むものになる。そこが、外から見ると違和感のあるところかもしれない。だが、社内にいる人間たちからすれば、堤らしいセゾン文化の表れだと納得がいくのだ。加害者側にいる自分から逃げることなく、冷静に事実を見つめるという行為なのである。堤清二という経営者の目と辻井喬という文学者の目という理解の仕方がされがちだが、私はそうではないと捉えている。

映画の中の森が荒ぶるシーンが表しているのは、明らかにアニミズム（自然界のそれぞれのものに固有の霊が宿るという信仰）である。堤の信仰について私は知る由《よし》もないが、事業展開においてもある意味でアニミズム的自然に対する畏《おそ》れと敬意は常にあったと思う。事業の成功と地域への配慮というアンビバレントな考えを内包しているところが部下からは分かりにくく、結果としてリスクを伴う開発物件となった事例は枚挙にいとまがない。例えば、西武が後にそごうと一緒になったときに感じたことがある。西武が地域に配慮して作り上げた〝くの字型〟に曲がった使いにくい

開発に際して荒ぶる大自然、破滅する家族を描いた「火まつり」

敷地に比べ、そごうの物件は何と素晴らしいスクエアな形をしていることかと感心したものだった。歴史文化に配慮し、地域の意向を優先して考える堤と、しっかりとした経営学のもと行政から地域産業まで巻き込んでいく水島廣雄氏（元そごうグループ代表）のアプローチの違いが明確に表れた事例と言える。

ディスタンクシオンと文化資本

セゾングループでは「お手本は、自然界。」という企業テーマが１９８６～88年と珍しく続いた。堤の考え方とテーマがあまりにも合致していたため次が出せなかったという裏事情がある。堤の根底には常に畏れを知るという論理があったと思う。この〝畏れを知る〟と〝弱者への配慮〟は、ある意味でセゾンの暗黙知となっていた。

ピエール・ブリュデュー（１９３０～２００２年）の『ディスタンクシオン』という著作を読んだことがある。ディスタンクシオンとは、直接的には区別や差別を表すが、「際立つ」「栄誉」という意味もある。ブリュデューは、後者の意味で捉えている。例えば、フランスではタクシーのドライバーが、先祖は貴族の馬車の騎手であったというプライドを持っていたりする。職業に貴賤《きせん》はないのだが、そのドライバーは伝統を継承している自分の仕事に高い価値観を持っている。ドライバーであるということは、人とは違うという主張であり、積み重ねてきた文化の卓越化した表徴なのである。

このように文化的再生産は蓄積されるわけで、これは〝文化資本〟と捉えることができる。金銭をベースとした財務資本論に対して、〝文化資本論〟という考え方が成立するのである。堤にはこの考え方が根深くあったのではないかと私は考える。もちろん、財務資本にも価値を認めてほしかったのではあるが……。

縷々《るいるい》述べてきたが、企画・販促界では「人間は、動物だ。」のインパクトは強く、このことが長く語り継がれ、社会性に対する高い意識が常に持たれてきた。企画テーマが挙がった際には、それが初めてか、マーケットインパクトがあるかといったことが、まずは議論される。しかし同時に、そのテーマは社会性という視点から正しいのか、そのテーマによって傷つく人はいないのか、という確認が必ず行われてきた。したがって、破り捨てられたポスターは社史という記録には残っていないが、皆の記憶に刻まれ、その後のセゾングループのマーケティングの逆説的バックボーンとなってきたのである。

激怒・自己否定

「まだお話を続けますか」

罵倒する大声が会議室に響き渡った。提案者は反論することなく固まる。1980年代のセゾングループの会議室では、しばしば見られた光景だ。大声の主は、もちろん堤清二である。この日は新規出店した店舗の状況報告が議題だった。私は関連部長だったため、会議テーブルの後方の壁際に用意された補助イスから参加していた。補助イス組はテーブルメンバーではないので、通常は被害に遭うことはない。しかし偉そうに足を組んでいて怒鳴られたという事件の後は、皆がしっかり正座するようになった。まれに補助イス組が発言せざるを得ないこともあったが、それは最悪の事態になったことを示していた。

後に他社の会議習慣を知ったのだが、一般に分からないことを担当者に振るのは許されることで、それもままならなければ「調べて後ほどご報告します」ということでその場は解決するようである。しかし、セゾングループではそれは許されないことだった。したがってテーブルメンバーは皆、分厚い資料を持参したし、提案者はさらに分厚くちょっとした小山のような資料を会議机に積み上げた。しかし一度言葉に詰まると矢のような質問攻めに遭うので、スタッフが一所懸命に作成した資料が提案者を救うことは稀《まれ》であった。そのため、提案者は全てを頭に入れるべく、徹夜の事前勉強をするのが常だった。ただ、準備した資料自体が役に立たない〝会議事故〟が多かったのも、悲しい事実であった。

この日の事故を振り返ってみよう。提案者は新店の営業数値、売上傾向、ターゲット動向等を丁寧に報告していた。ひと通りの説明の後、「今日のお話はそれだけですか」と堤が静かに丁寧な口調で語りかけた。この時点で、提案者の体は固まっている。その後は提案者に対する愚弄の言葉が機関銃のように飛び出す。補助イス組にも相当な風圧がかかるのだが、私はその人格否定のボキャブラリーの豊富さに感心してしまったのを覚えている。

こういう状況を私たちは「野球場にまわしを締めて行ったようなもの」と表現した。昭和ネタで恐縮だが、「お呼びでない」という植木等のアレである。クレイジーキャッツであれば「こりゃまた失礼しました」で済むのだが、この場がそれで済むわけもない。野球場で待つ堤は、オープンした店にはすでに興味などなく、出店後の地域開発プログラムを期待していたのである。そこにオープン動向という「まわしを締めた相撲取り」が出てきたので怒りが爆発したというクダリである。

会議での否定の行動は、罵声だけではなかった。よくあったのは、「まだお話を続けますか」と尋ねてきて、話し続けると会議室を出て行ってしまうというパターンだった。ひどいときは提案書を破ったり、投げつけたりしたこともあった。提案中に鼻をかむこともあったが、これは早く止めなさいというメッセージであったことも有名な話である。お叱りの後でヒントがもらえればある意味で大成功なのだが、それは稀で、ほとんどの場合は何をお怒りなのかわれわれには理解できないということが多かった。会議が終わると、言葉の断片をつなぎ合わせて今後の対策を練るのが日常であった。

悪人正機

なぜそこまで怒ったのか、少し考察を加えてみたい。その大前提として、堤清二の頭の中と、われわれの頭の中が全く違っていたことがある。堤には今後の事業モデルが出来上がっていて、頭の中でどんどん進化していっていたのだ。一方、われわれは百貨店という小売りを日々やっていて、そこからはそう簡単には抜け出せない。そのことに対する苛立《いらだ》ちはごもっともなのだが、日本一の百貨店売上高の達成に向けて必死の努力をしていることをもう少し理解してほしいというのが、われわれの生の声であった。

堤が持っていた外部ネットワークの力も、われわれとのギャップを広げた要素の一つである。辻井喬というもう一つの顔も含めて、作家や大学教授、アーティストなど多くの人々との交流からいろいろなヒントを得ていた。小売業自体を否定していたこともあり、まず同業者との交流はほとんどなかった。企業人と会うときも、まったくの異業種の人々だった。そもそも膨大な読書からインプットされる情報の質と量が、まったく比較にならないという問題もそこにはあった。

とはいえ、もう一歩踏み込むと、そこには堤自身の自己否定という重要な概念が見えてくる。堤清二の生い立ちに関わる諸々は経済誌などにはいろいろと書かれていたが、私が触れるべきテーマではないと考える。ただ、様々な経験を通して培った思考法が、結果としてユニークであったことは異論のないところだと思う。ひと言で言うと、〝絶対価値〟

の積み上げはあり得ないということである。絶対価値が積み上がっていけばピラミッドが出来上がるのだが、堤はいかなる状況においてもそれが嫌いだった。権力の存在自体を心のどこかで否定する、その行為が自らにも向けられる、というところがポイントである。

グループのトップに権力がないわけはない、お金の嫌いな人間などこの世にはいないというのが一般的な考え方である。しかし堤の場合、深くお付き合いしたわけではないので断言はできないが、お金に執着している様子が微塵もないのだ。売場を歩くときは伏し目がちに隅を歩くし、エレベーターでは入り口の脇で開閉ボタンの担当をしたりするのである。自分に降りかかっている権力を払い落とそうという行為にも見えた。したがって外部の方々は、「紳士的で謙虚な方」と口を揃えて言うのである。

では、会議室での行為は何なのか。ここからの考察は少し飛躍してしまうのだが、しばしお付き合いをいただきたい。

親鸞の「悪人正機《あくにんしょうき》」をご存じだろうか。歎異抄の第三章にある「善人なをもて往生をとぐ、いはんや悪人をや」という有名なフレーズである。字面だけを捉えれば、善人が天国に行けるって言うなら悪人は当然、天国に行けるでしょう、と解釈できる。な〜んだ、一所懸命善行をしないといけないなんてばかばかしい……そんな誤解を実際に招いた問題発言である。

ただ、ここで言う悪は仏の世界のことで、法律を犯すとか道徳的にどうとかということではない。人は生きるためには、生き物の殺生もするし欲得で動くこともある。仏様から見ればみんな悪人なのですよ、ということだ。つまり、自らを善人だと考えている人間は、実は悪人であることに気づいていない、そんな問題意識のない人間が救われるのなら、何らかの悪を自らの中に見た覚醒した悪人が救われないわけはないでしょう、と言っているのだ。こういう言い方をすれば誤解はなかったのではないかと思ってしまう。

この考え方は実は親鸞の師匠である法然からの教えなのだが、親鸞が広めたことで親鸞のオリジナルとして有名になった。悪人正機だからこそ「南無阿弥陀仏」とひたすら唱えなさい、という浄土真宗の「他力本願」につながる教えである。敬虔《けいけん》な仏教徒ではない私は20代の頃、このパラドクスにはまり、悪を定義できなければ自分の進むべき道が見つからないのではないかと思い込むことになった。エーリッヒ・フロムの『悪について』に始まり、ドストエフスキーの『罪と罰』も読み直したりして、行き着いたのが荀子の言葉——「人の性は悪にして、その善なるものは偽《ぎ》なり」だった。いわゆる性悪説である。紀元前3世紀の言葉なので、法然、親鸞よりずいぶん昔である。孟子の性善説に対する荀子の主張は、自分の中にある弱い部分を見つめて、偽（後天的努力）で本当の善を創り出しなさいという教育的な考え方なのである。

本質への追い込み

このような経験から、私は性悪説を考え方の根底に置いている。自分自身の欲なり、わがままなりを見つめ、できる限りそこから目を逸《そ》らさず自分を律する。部下や周辺の人々に対しては、自己の悪なるものとの戦いの様子を見極め、改善努力を評価していく。しかし、性悪説をモットーにしているなどと言うと、途端に「あなたは人を見たら泥棒と思えという考えなのですね」「どうして良いところを見つけようとしないのですか」とやられてしまうので、言わないことにしてきた。隠れ性悪説主義者なのである。くどくなるが、自分の内なる弱さとか怠惰をまずは正面から見つめなければ人にやさしくなどなれない、そして自らの悪なるものを直視して克服する中で初めて善行ができるということなのである。問題意識の低い無批判な善人面は信じないという主義である。

なぜここで性悪説を力説するかと言うと、堤清二の叱責の中に私は〝本質に向かわせる追い込みの意識〟を何度か見たからである。残念ながら、堤がこのあたりの読書をしていたという証拠もないので、私の勝手な思い込みかもしれない。しかし、人格否定までされて追い込まれ、何かを見つけた人も多かったのではないか。妥協を許さない、本物しか認めない、人真似は絶対にしないという本質の追求は、うわべだけの性善説論者には決してできない仕事だと思う。

「真面目な社員が会社を潰す」という堤の口癖にも、この考え方が見え隠れする。皆が不真面目で規律を破ってばかりであったら、会社はやっていけるはずがない。しかし〝真面目〟という言葉からは、無批判に体制に従い、上司の指示通りに行動する姿が垣間見えてくる。こういう人は決まって変革を嫌う。これでは会社に進歩も発展もあり得ない。道なき道を突き進もうとしている堤には、指示に従うだけの〝真面目〟な社員は要らなかったのだ。

誤解を恐れず自説を提示させていただくと、働き方改革で当たらず触らず定時勤務だけを目的化する風潮には、大きな疑問符を投げかけたいと思っている。自己の勝手によるパワハラは絶対にいけないが、部下の成長を考え愛をもって厳しく叱ることは、今の時代でも必要なことではないだろうか。いわしを輸送するときになまずを一匹入れておくと、緊張感からいわしがイキイキとし、新鮮な状態で届けられるという。組織の中にはやはり、摩擦係数を上げる役割の人間が必要なのだ。

私は堤イズムの継承者と言える立場にはないが、教わったことを私なりのやり方にアレンジして実践してきた。それを〝パワーマネジメント〟と呼び、ハラスメントとは一線を画して実行してきた。おかげ様で現役時代は、パワハラで訴えられたことも、セクハラで非難されたという事実もない。不快を感じた部下たちはおそらくたくさんいただろうが、我慢してくれたのだと思う。「ラッキーだっただけですよ」と言われそうな話ではある。ただ、一つだけ言えることがある。妥協を許さない堤清二の指導により他社に例を見ない多くの人材が育ち、残念ながらその多くが他社に離散したものの、それぞれの会社で重要なポストに就き、大活躍してきたという事実である。

何かを作り上げるたびに疑問符を投げかけ、否定し、〝脱構築〟を求める。後に〝創造的破壊〟と名づけたられたが、このようなことができる人などもう二度と出てこないのではないか。堤の経営を〝狂気の経営〟と称した経済誌もあった。確かに無批判な性善説的経営を正気の経営と言うなら、問題の本質を疑いながら追求していく堤の経営手法は性悪説的で、正気に対するならば狂気と言われても仕方がない。そうは思うのだが、「本質を追求する妥協を許さない考え方の人であった」と言うべきだと私は考えるのである。

激怒から注入されたエネルギーは多くのことを成し遂げ、グループは巨大なる生活総合産業へと成長していくことになった。激怒・自己否定に〝財務〟という概念が伴走していたならば、セゾングループはその後も進化を続けていたと思う。

リゾーム、ガジェット

ニュー・アカデミズム

リゾーム、ガジェットというキーワードに入る前に、時代背景の説明を若干加える必要があるだろう。〝ニュー・アカデミズム〟という社会現象があった。きっかけは浅田彰の『構造と力』と中沢新一の『チベットのモーツァルト』である。ともに1983年に出版された。

『構造と力』は、27歳という若き浅田彰が当時ヨーロッパを席巻していたフランスの現代思想「構造主義、ポスト構造主義」を捉え直し、自らの言説を展開したものである。私も飛びつくように読んだが、読み進む過程でジャック・デリダやミシェル・フーコーなどの既読の書籍を読み直したりしたのを記憶している。この一般的には難解な書籍が15万部、さらに版を重ねて60万部とも言われるベストセラーになるという、信じがたい現象が起こったのである。一方、『チベットのモーツァアルト』は、チベット仏教に入り込むことで文化人類学、比較文化論的視点を展開している。こちらは読みやすい文章ではあるが、それまでに日本では論じられていなかった世界に若者を誘《いざな》った。

これらの書籍を通じて社会学的消費心理学に興味を持った者もいた。書籍離れが進む昨今では考えられない現象が起こっていたのは確かである。日本で起きたこの現象を総称してニュー・アカデミズムと呼ばれた。ただ、企業人・経営者たちがこぞってこれらを読んだかと言えば、答えはNOである。当時、企業人たちが日本のビジネス書に飽き足らず手に取った書籍は、ピーター・F・ドラッカーであったり、マーケティングの範疇《はんちゅう》で言えばフィリップ・コトラーであった。ところが、堤清二はこれらには興味を示さず、積極的に浅田彰と対談するなどし、自らもニュー・アカデミズムのリーダー的存在となったのだ。役員や社員にとってこれは由々しき問題で、会議や幹部集会で何ら注釈もなく飛び出す耳慣れない難解な〝ワード〟に翻弄されたのだった。

その最も重要なワードが〝リゾーム〟であった。この言葉が最初に語られたのは、80年に刊行された『千のプラトー』である。ジル・ドゥルーズとフェリックス・ガタリの共著だが、翻訳が遅れたために、私は他の書籍でこの言葉に触れた。リゾームとは直訳すれば「地下茎」を表し、これには深い意味があるのだが、ひと言で言えばインターネットで自在につながる現代を予見した考え方であった。

他章でも触れているが、ドゥルーズ＝ガタリが論じたことは、西洋哲学をその根底からひっくり返す大仕事であった。西洋の学問はプラトンが提示した考え方を体系的に整理したアリストテレスにまで遡《さかのぼ》れ、幹から枝が分岐していく、いわゆる〝樹形図〟の形で分類されてきた。哲学の体系も形而上学を幹として樹形図的に分類されるが、ドゥルーズ＝ガタリはこの階層的構造を壊し、地下茎のようにうねった、始まりも終わりもない曖昧なモデルを提示したのである。分かりやすく言えば、現在のウェブに通じるネットワーク構造である。当時もコンピューターの世界ではいろいろな試行錯誤が行われてはいたが、今日のSNSのような使われ方をするとは誰も夢にも思っていなかった。

その頃のコンピューター事情について少し補足したい。80年頃のデータベースは西洋の学問体系と同様、分類学に基づいて体系化され、これを階層型データベースと呼んでいた。百貨店で言えば、例えば池袋本店の紳士服、紳士雑貨、財布は続き番号でデータ化され、財布を買っただけのお客様の履歴を調べるのにも、紳士服のデータから入り、紳士雑貨を経て、ようやく財布にたどり着く。このような一方通行のルートで順番に階層を巡るしかなかった。それに対して、その後開発されたリレーショナルデータベース（ＲＤＢ）は画期的だった。階層を経ずにデータに行き着くことを可能にしたのである。購入履歴が各階層にばらばらに蓄積され、目的に応じて各データを組み合わせて取り出すこともできる。例えば、財布の売れ行きを確認したければ、池袋本店の紳士と婦人の財布の合計売上高をすぐに取り出すことが可能になったのだ。

ＩＢＭが後者の進化形であるデータベースのシステム「ＲＤＢⅡ」を開発したのが83年であるから、それ以前にリゾームの概念を世に出していたドゥルーズ＝ガタリは天才的先駆者と呼ぶのに相応しいと私は考える。ちなみに、私は89年に突然、コンピューター部門を任され、そのときにちょうどデータベースがＲＤＢへ移行したので、世の中的には80年代後半になってやっと階層型に別れを告げたと言える。

ネットワーク組織論

ニュー・アカデミズム経営者であった堤清二が、１９８０年代初頭からリゾームにのめり込んだのには訳がある。自らが推進する脱権力に、リゾームが示す脱階層の概念が共鳴したのではないかと思うのだ。権力者はいくつもの階層の上にいる存在であり、牢屋で言えば何枚も積み上げられた座布団に鎮座する牢名主みたいなものである。堤は「真面目な社員が会社を潰す」が口癖だったが、これは階層組織の責任分散に対する大いなる厭味《いやみ》だった。階層の下から上がってくる提案も上司の保身のために蹴散らされる。であれば、外部の人々の歯に衣着せぬ発言にこそ時代を切り拓くヒントがある、と考えていたのではないか。積み上げ型の組織では新しいものは生まれないという認識が、堤が語るリゾームには含まれていたと思う。

とはいえ、時折発せられるこのリゾームという言葉についての社内での理解はまちまちだった。何ら定義もされなかったので、「何か地下の根っこでみんなつながっているのね」という程度の理解が一般的だったかもしれない。ただ、入社して初めて管理部門である情報システム部（コンピューター部門）に、何の知識も技術も持たず部長として配属された私にとっては、あいまいにしておくわけにはいかない言葉だった。いつ堤からの問いかけに答えなければならない状況になるか分からないため、その一挙手一投足から目が離せなかった。言葉の的確な理解への努力は必須だったのである。

また、情報システム部は当時、会社の方針を作り上げる企画室に属していた。国家に置き換えれば大蔵省（現財務省）のようなところである。企画室では、堤のリゾーム発言に基づいて新しい組織を構想していた。従来の階層型組織を壊す、〝ネットワーク組織論〟によるまったく新しい組織作りである。今でもよく見かける、顧客との接点となる現場が一番上で、会社を代表する社長を一番下に位置づける逆三角形型組織図も、ずいぶん早くから提案していた。ただ、これも発想の転換のヒントにはなるが、それ以上のものではないとして消えていった。組織作り好きの会社であると同時に、実に飽きっぽい会社でもあったのだ。

ネットワーク組織論による組織作りは、これを研究している大学と情報連携をしながら進めたこともあり、永らく研究・実験を続けることとなった。実験は企画室のマネジメントとして行われたため、私もこの組織論に基づいて仕事をさせられた実験用モルモットの一人だった。企画室は経営企画部、経営管理部、情報システム部の3部門で構成されていたが、各部門内の縦のヒエラルキーはまったく無視で、部門を横断して20を超えるプロジェクトが常に展開されていくという形を採っていた。それぞれのプロジェクトは6～10人程度で編成され、プランニングを表す「P」やシステムの「S」などのイニシャルが付けられ、最低でも週1回は企画室長に新たな提案をする。メンバーのアサインは各リーダーが行うので、能力の高いスタッフはいくつものプロジェクトを掛け持ちすることになった。働き方が論じられる前の話であるから、毎日夜中までの残業となったことは言うまでもない。

このような仕組みだったので、部長の私もリーダーを務めたプロジェクトは一つあったかどうかで、スタッフとしてどんどんこき使われた。幸いにも私はどんな環境も楽しんでみようと考える不真面目な人間なので、特に体調を崩すこともなかったが、部長や課長が一スタッフとして働き、若い社員からポンポン指示が出るという流れについていけず、体調を壊す人間も続出した。

ただ、悪いことばかりでもなかった。例えば会議のやり方は、働き方改革が叫ばれる今だからこそ、学ぶべきものがある。提案は15分、質疑や討議を30分で行い、室長が結論を出し、次回の課題・テーマを与える。会議は長くても53分で終わり、残り7分で次の会議場所に移動する。これはなかなか良くできた仕組みで、仕事はサクサクと進んだ。もちろん多くの犠牲のうえではあったが……。これがリゾーム型組織の運用実験のありようであった。

〝雑〟のエネルギー

現在、コンピューター関連の電子装置や小道具を指す用語として常用されている〝ガジェット〟という言葉。これを世に送り出したのは、ジャン・ボードリヤールの『物の体系』（1968年）である。第Ⅱ章でも述べるが、この論文のレジュメの「メタ機能＝非機能の体系」という章でガジェットという言葉はデビューしている。その後出版された『消費社会の神話と構造』では、「モノの使用価値（有用性）と象徴的機能を消滅させる」とか「機能的無用性を持つもの、役に立たないが遊びとして持つことのできるモノ」と説明されている。

だが、あまり難しく考えず、「本来の物としての分類からはみ出たもの」というざっくりとした理解でよいのだと思う。リゾームと同様、階層分類を壊す〝雑貨〟の概念であると言える。このガジェット概念こそ、西武百貨店の〝雑草〟的発想の源であると私は考えている。

百貨店は1852年のブシコー夫妻（世界初の百貨店ボン・マルシェの創業者）以来、長い歴史の中で商品を分類してきた。日本ではどうだったか。歴史と伝統にこだわる呉服系の百貨店では、すぐに分類できないものを〝雑〟という概念で仲間外れにしてきた。このガジェットの世界こそ次代のヒントであり、エネルギーであると読み取ったのが、堤清二である。ガジェットの発想が後にロフトを生み出し、無印良品という巨大ライフスタイル提案業態を生み出したことは説明をしなくても理解していただけるだろう。つまりガジェットは、従来の発想に固執しないクリエイティブで自由な発想の根幹なのである。

ガジェットという言葉が社内を浮遊していた頃、私はあるプロジェクトで松岡正剛氏（1944年〜、京都市生まれ、編集工学者）を訪ねることになった。松岡氏は堤とも交友があったので、かなり緊張して会いに行ったのを記憶している。その頃の社内では堤ネットワークは鬼門と言われていたからだ。交友関係には文化度の高い人が多く、その人々に「レベルの低いスタッフがやってきて……」などと言われると、ほぼその人の明日はなかった。

当然、私はカチンコチンである。しかし、松岡氏は精悍な面持ちで、実にやわらかく紳士的に接してくださった。文化人とはこういうものなのだと学習した瞬間であった。この訪問のテーマは、当時すでに提唱されていた〝編集工学〟の概念を教わり、組織論に生かしていくということだったが、松岡氏の構想の大きさに触れ、私は中途半端な活用は失礼に当たると尻尾を巻いたのである。

そのときに話題に上ったのがボードリヤールであった。私も読んでいた『物の体系』と『消費社会の神話と構造』についてお話を伺うことができた。松岡氏の読解力の深さに触れ、自分の浅学に気づかされ愕然とした。例えば、個性化という問題について。消費社会が個性化を重視すればするほど、消費社会はそれ自体の差異の内在化によって腐っていくことをボードリヤールは指摘した、と松岡氏は言っていた。私の読解力ではとても追いつかない解釈であった。リゾームの解釈についても、目から鱗《うろこ》がぼとぼとと落ちていったのである。

会社に戻り、自分はいかに浅いところで物事を理解しようとしているかを反省し、軽々しくリゾームとかガジェットなどと口にしてはいけないと一度は心に決めた。しかし、当時のセゾングループはカタカナのキーワードが日常的に飛び交う世界であったため、喉もと過ぎれば熱さを忘れるの例えが相応しいかどうかは別として、私は意味不明なカタカナを乱用し続けた。その浅さと軽さもセゾン・マーケティングの特長だったのである。

３６０度ビジネス

脱百貨店

槍玉《やりだま》に上がるのはいつも百貨店だった。セゾングループの幹部集会での話である。「問屋に依存する化石のような業態」とか「取引先から仕入れた商品をただ並べて売っているだけだ」とか、さらには「小売りから一歩も踏み出そうとしない前時代の人たち」と誹謗され続けた。「とにかく全方位にビジネスを広げろ」と言われた。私たちスタッフは提案の際にグループ内でのポジショニングや新規事業視点だとかを常に問われていたので、一定程度の慣れはあった。しかし、売場の係長クラスは違った。幹部集会には彼らも参加していたため、現場の士気低下は否めなかった。「３６０度ビジネス」と何度も言われて売場に戻り、ただぐるりと３６０度、１回転したという笑えない話もまことしやかに語られていた。

当時、セゾングループが目指していたのは〝生活総合産業〟、つまり顧客を中心に置いて暮らしに関わる360度全方位のビジネスを作り上げることであった。であれば、中心に百貨店を置いて360度に広げていけばよいではないかというのが普通の考え方であろう。何しろ、西武百貨店は池袋本店の9期大増築の大成功から10期の専門大店構想へと成功のプロセスを重ね、日本一の売上高を手中に収めんとする最中《さなか》にあったからだ。そのタイミングでの百貨店否定、堤清二はやはり普通の経営者ではないのである。

思えば堤の百貨店に対する興味は、〝人間の街〟というキャッチフレーズのもと、ラグジュアリーブランドによる高級化と、オーマイダイニングをはじめとしたライフスタイル対応というMD面での広がり、さらに郵便局までを取り込んだサービス面の充実という9期大増築完成の時点で終わっていたのだ。その後始まるスポーツ館、コミュニティ・カレッジ、食品館への流れは、〝脱百貨店〟の実験だったと理解すべきなのだと思う。

なぜ堤は百貨店を叩いたのか、答えは簡単である。当時の西武百貨店は売上を伸ばし続け、日本一が見え隠れしていた中で、小売りの雄としてのプライドが丸出しだったからである。そのような経営実態を生み出したのは堤自身の力なのだが、百貨店に軸足を置いていたらグループの他の事業が育たない、肝心なのは利益が出ているかどうかではなく、皆対等であること、という考え方を採っていた。観覧車型組織という言葉も飛び出した。基幹企業に優劣はない、上もなければ下もなく、観覧車が回転するように流動的な組織を指向していたのである。

『生活総合産業論』

ここでセゾングループを簡単に総括しておきたい。1990年代初頭の最大時には12基幹グループ・100社を超える会社があった。その始まりとなったのが、西武百貨店、西友、朝日工業、西洋環境開発という四つの基幹グループである。〝生活総合産業〟を標榜した頃には、クレディセゾン、西洋フードシステムズ（レストラン西武、吉野家、ダンキンドーナツ）、朝日航洋、セゾン生命保険が基幹企業に加わった。そして世の中を騒がせた大買収劇でグループに加わったインターコンチネンタルホテルに大沢商会、パルコ、あまり知られていないがセブン‐イレブンより日本でのスタートが早かったファミリーマートを加えて12グループである。

このグループ発足について、92年に出版された『生活総合産業論』の中から堤清二の持論を紹介する。

「新しい産業論として生活総合産業を語ることは、生活者と消費社会の変容について語ることであり、同時にこの方向から産業と企業の新しい在り方を論ずることになる。多様で重層的な人間の〝生活〟と効率性が要求される〝産業〟とは、方向性が必ずしも一致せず、むしろそれはあい矛盾する面を持つものだけに、そこに『生活総合産業論』がどれだけ新しい文脈を与えることができるかについてはまだ模索の域、途上にあるといえる。生活者の価値意識、消費社会の変化、産業社会の方向性をトータルに捉えんとする『生活総合産業論』という困難な試みに、あえて私たちは挑戦しているのである」

果たして、企業経営者が自社の事業に〝論〟を付けることがあるだろうか。また引用文では人間の生活と効率追求の産業は一致しないと述べているが、こんなことを言う経営者もいないであろう。学者の物言いであり、経営者であれば普通は自社のビジネスの可能性を語れど、論評しようなどとは考えないだろう。堤清二はよく辻井喬との二面性で捉えられるが、私は経営者、学者、詩人という三面で捉えるべきだと考えてきた。さらに言えば、幽体離脱の業が日常的に使われていて、経営者の自分を学者の自分が評していたり、私生活を含めた自分の行動を詩人の自分がおもしろがったりしていたのだと思う。

少なくとも、何かを作り上げたら興味を失うというあり方は、詩人であり小説家として出版という発表の場を終着駅とする考え方と符号する。企業家であれば、まずは特許を申請するとか、情報を囲い込んで他社の参入障壁を高くしようと考えるはずである。ところが堤は、専門大店化の二番バッターである食品館のオープンに際しても、『食品館白書』を刊行してそのノウハウを惜しげもなく発表したし、西武百貨店を核店舗とした尼崎市の複合商業施設「つかしん」の開業時(85年)も、オープンハウスと銘打って東京からツアーを仕立てて舞台裏まで公開した。どちらも業界からはすこぶる好評ではあったが、一方では「そんなことまでしていいの?」という驚きを招く出来事でもあった。情報開示には若干の売上という対価がついてきたので、新規事業視点であると社内では位置づけられたが、私は堤清二の学者的論文発表視点であったと考えている。

ノーブランドの価値論

全方位にビジネスが動き出し、新会社が次々とできていくと、仕事の打ち合わせの名刺交換のときに同じグループ会社であることを知るという珍事もあった。また、実態の分からないグループ会社のことで責められるなどのデメリットもあったが、一番大変だったのはいわゆる西友・西武問題だった。西友が西武百貨店のブランド力を生かして出店した百貨店業態と、オリジナルの西武百貨店の関係性である。

とりわけ86年に開業した錦糸町西武、翌87年の光が丘西武は、当時の西武百貨店オリジナルブランドであるザ・マーケット、U－251、ふるさとやなどが入っていて、西武百貨店の標準店と何ら変わらなかった。さらに標準店にはまだ入っていなかった無印良品があり、非物販ではザ・プライム、キネカ錦糸町、リボン館、チケットセゾンまであった。この西友経営の西武百貨店の何が違っていたかと言えば、SEIBUの〝I〟の色がグリーンということだけだった。360度ビジネスは社内競合まで熾烈《しれつ》だったのだ。

グループ各社の誕生にはそれぞれのコンセプトワークがあり、ドラマも様々あったと推察される。ただ、西友、パルコ、ファミリーマートなどの背景は、75年入社の私には実感が薄いので、詳細は語らないことにさせていただく。では、何に最も実感があるかと問われれば、私にとっては無印良品である。無印良品の誕生は80年、この立ち上げ準備の頃に私はジュニアボードで本部に入り浸っていたので、進捗状況を目の当たりにしていた。

私は当時、西武スポーツ館に所属し、役職はショップマスターだった。しかし、良いショップマスターとはお世辞にも言えなかった。私の一番の興味はマーケティングで、市価調（市場価格調査、マーケットリサーチ）と称しては外出し、競合とは言えない商業施設をしばしば見に行っていたし、商品開発という名目で取引先に行くことも多かった。ジュニアボードに託《かこつ》けて本部をふらふらしていることも多々あった。店にいたとしても、売場に出るより事務所でレポートを書いている時間のほうが長かったので、店頭を重視すべきショップマスターとしては職務怠慢だったことは今だから言える事実である。

この頃は会社から懸賞論文の募集がよくあり、私は「オルターナティブ・ゴルフウェア」というテーマで投稿したのを覚えている。当時のゴルフウェアはマンシングウェアやブラック&ホワイトなどのブランドが主流で、ワンポイントが付いていないと売れない時代だった。ペンギンが傘をさしたマークの偽物も出回るほど、熱狂的なブランドブームだったのだ。私はこれは違うのではないかという問題意識を持っていた。一定程度の動きやすさは必要としても、少し前まではニッカーボッカーズにジャケットでプレーしていたのだから、素材の機能性を謳《うた》いながらワンポイントで高く売るというのはいかがなものかと唱えたのだ。無印良品の誕生に至るブレストの内容に大変興味を持ったのは、そんな理由からである。

このときのブレストメンバーは、デザイナーでありクリエイターでもある田中一光氏、コピーライターの小池一子氏、インテリアデザイナーの杉本貴志氏であった。会議で語られていたのは文化論や生活論のようなものだったが、基本的にはブランドのロゴマークが付いているだけで売れるのはおかしい、品質が良ければブランドネームに頼る必要などないのではないか、ということであった。

当時の堤清二の興味はどこに向かっていたのか。それは〝価値論〟だったと思っている。詳しくは第II章の所有論で述べるが、もともと堤はマルクス経済学に精通し、マーケットに対する価値論はしっかりと持っていた。そのうえで、消費社会という視座からボードリヤールなどの考え方に触れ、新しい価値論が芽生えたのだと思う。使用価値、付加価値、象徴価値などのワードは、幹部集会でも頻繁に出てきた。ブランドを押し出さずに価値をどう伝えるか、真の価値とは何か、無印良品を生み出すブレストの中ではこのことについて議論が熱く戦わされたことに疑問の余地はない。

無印良品は金井正明氏（１９５７年〜、長野県生まれ、無印良品会長）の力で実に立派な会社に成長し、現在も高い株価を維持している。この会社の良いところはたくさんあるが、私が素晴らしいと思うのは、初期のコンセプトを崩すことなく、さらに磨きをかけながら経営しているところである。小池一子氏の過去のコピーを最近になって再度使ってみたり、深澤直人氏（1956年～、山梨県生まれ、多摩美術大学プロダクトデザイン科卒、プロダクトデザイナー）と継続的にコラボレーションをしていたりと、方法論まで堤清二なのである。無印良品は当初否定していた〝ブランド化〟をしているのではないかと指摘する人もいるが、それは違うと思う。〝無印〟はコンセプトが裸で歩いているライフスタイル商品群なのだと私は考えている。

ロフトも重要なセゾン・マーケティングの会社である。水野誠一氏（1946年～、東京都生まれ、慶応大学経済学部卒）の感性で立ち上げられ、安森健氏（1944～2018年、東京都生まれ、学習院大学経済学部卒）の事業センスで立派な会社になった。その後もマーケターである内田雅巳氏（1953年～、埼玉県生まれ、早稲田大学商学部卒）、生え抜きの安藤公基氏（1958年～、東京都生まれ、中央大学法学部卒）がバトンをつなぎ、その活躍もあって悲願の銀座出店も成し遂げている。

では、ロフトについて堤はどう考えていたのだろうか。『生活総合産業論』にある堤のコメントを引用したい。

「西武百貨店は、東京や大阪でＬＯＦＴという業態を展開しているが、これはまさにガジェットの集積であるといえる。現在では使用価値的な観点から見ればあまり意味のないような、雰囲気を楽しむ小道具的な商品が求められている。否、むしろ非実用的、遊戯的な商品だからこそ求められているというのがガジェット化現象の特徴に他ならない」

この堤の発言以上のコメントは必要ないであろう。

もう一つ、セゾン・マーケティング的視点で言及したい会社がある。現在、橋本行秀氏（１９４７年～、東京都生まれ、立教大学経済学部卒）が率いているイープラスである。この会社のすごいところは、前身であるチケットセゾンが、チケットという有限の商品を取り扱いながら販売拠点を増やす方向にあった事業構造に問題意識を持ち、チケット情報雑誌の発行に別れを告げたことである。既存の事業構造を自ら壊し、ゼロからネットによる新たなチケット事業を興した。ネット時代の到来など予想もできなかった時代のことだった。橋本氏は西武百貨店時代に唯一、マーケティングで堤清二に褒められたという栄光を持つ〝冴えた〟人である。そのときのテーマは「地殻変動するマーケット」、私は今でもこれは最高のマーケティングレポートだったと思っている。

ソニーとともにイープラスの親会社を務めているのが、社名に燦然《さんぜん》とセゾンの名を掲げるクレディセゾンである。この会社を牽引し続けてきた林野宏氏（１９４２年〜、京都府生まれ、埼玉大学文理学部卒）も極めてセゾン・マーケティング的人物だ。セゾングループが中心となって生み出したＪ－ＷＡＶＥの看板番組「ＴＯＫＹＯ ＨＯＴ １００」で流れるクレディセゾンのコマーシャルは、ホッコリさせたりウルウルさせたりと、現在も極めてセゾンである。また永久不滅ポイントも他社の追随を許さず、銀行系のクレジットカードが実体を失う中で堅調に推移している。

まだまだ多くのセゾンの会社を取り上げたいのだが、１００社にコメントすることもできないのでこのあたりで結論を述べたい。これらの会社が生まれたのは、全て堤清二のマーケティング力＝セゾン・マーケティングの力である。もし財務力がしっかりしていれば、セゾングループは今も生活総合産業の深化形を提示していただろう。ここに挙げた企業が、それぞれの業界で、それぞれの資本で、立派に経営を続けていることからもそう思われてならない。

第Ⅱ章

セゾン・マーケティングの理論

ビジネス書を読むな

「聞いたこともないでしょうけど」

セゾンのマーケティングは堤清二に始まり、その思考の変容とともに揺れ動き、そして堤清二とともに幕を閉じた。しかし私は、堤清二のマーケティング論はこれだ、などと語るつもりはない。偉大な経営者であり、多くの文学賞に輝いた詩人・小説家である辻井喬という二つの人格を持つ人物を、客観的に評する力など持ち得ていないからだ。私が語れるのは、多くの仲間とともに堤の言葉に振り回され、渾身の思いと徹夜のエネルギーで作り上げた提案書を鼻でせせら笑われたり投げ返されたりした体験から得た考え方である。

堤は「ビジネス書しか読んでいないあなたがたは聞いたこともないでしょうけど」と前置きして、ジョルジュ・バタイユやミシェル・フーコー、あるいはプラトンやアリストテレスの話を引用したものだった。小売業の普通の会社では見ることのない、指示ともつかない問答が会議室で展開されるのである。こんな会社は後にも先にもあり得ないだろう。私はこのようなビジネス界における異常現象を会議室で体験した最後の世代だと思う。

重要なのは、博識で天才的な文学者が発する詩の一節のような指示をどう理解するか、である。諸先輩の中には素晴らしく明晰な頭脳を持った人々もいたが、堤清二に並びかかれるわけもない。しかも敵は日々読書を重ね、バージョンアップしてくるのである。では対策は何か。知の体系には追いつけなくても、堤が日々読んでいる本の情報を得て、何とかついていこうという考え方である。

堤は当時、西武百貨店池袋本店の11階にあった書店「リブロ」にしばしば顔を出した。そして5~6冊の専門書や詩集などを買っていった。さらに、秘書ルートでも本の購入を行っていた。執筆活動もしていた堤は、仕事をやりながらどうやって難解な専門書を読破していったのであろうか。まさに人間離れした行為である。

しかし、そんなことに感心している余裕など、われわれにはなかった。当時の役員たちの中には、どうせ堤の言葉など理解できるわけがないと半ば居直っていた人々がいた。彼らは何を言われても売上や利益の話をし続け、堤が呆れてその場を去るまで、ひたすらその罵倒に耐えるという道を選択していた。しかしそれ以外の人々は、何らかの方法で堤の情報源を手繰り寄せようとした。その情報源は秘書ルートかリブロの社員ルートであった。1980年代前半、まだ池袋本店の販売計画課長であった私には秘書ルートなどあるはずもなく、リブロルートを開拓するしかなかった。

とはいえ、リブロの社員なら誰でも分かるという話でもなかった。今ほど個人情報にうるさくはなかったが、バーコードはまだ登場しておらず、本に差し込まれている短冊で売上を集計していた時代である。堤の購入書籍に関する情報を持っているのは、専門書の担当者に限られていた。至難の業《わざ》ではあったが私は何とかルートをつかみ、20代後半から40歳までの10年強の間、堤と同じ本を読み続けた。もっとも詩集などとてもついていけない書籍は遠慮した。本書ではセゾン・マーケティングの源になった書籍を明らかにしていくが、その領域は主に哲学、心理学、経済学、社会学、歴史学、美術史等である。

消費社会→社会消費

堤はしばしば「ビジネス書を読むな」と言っていたが、そのメッセージは何を意味していたのか。本人から聞いた話でも、執筆したものを読んだわけでもなく、あくまで私の理解ではあるが、「人の真似をするな」ということだったのだと思う。当たり前のことを提案しても聞いてもらえない会社の中では、ビジネスの定石などはまったく役に立たなかった。「原書を読んで自分なりに考えよ」ということだったのではないかと思うのだ。私が良い読み手であったかは疑問ではあるが、ネットのなかった時代に、辞書や百科事典を引き、部分的理解を積み上げながら得たセゾンのマーケティングの本質を述べていきたい。

まずは、消費社会論から入っていこう。80年代の中盤から後半にピークを迎え、バブルが弾《はじ》けたときに沈静化したかに見えた理論である。記号論と並んでバブル経済の落とし子のように捉えられ、バブル崩壊とともに興味が失われていった。消費社会論そのものが消費されてしまった、とも言える。消費社会論は消費をベースにしながら社会を論じるというフォーマットだが、セゾン・マーケティングにおいては逆に、社会学や歴史的視点を踏まえて消費マーケットを捉える〝社会消費論〟と理解すべきだろう。それが百貨店という業界で永らくこの考え方をベースにバブル崩壊以降もマーケティングを実践し、それなりの成果を上げてきた私の捉え方である。では、社会消費論を背景にしたセゾン・マーケティングはどんなものだったのか。欲望論、所有論、遊戯論という三つの切り口で論じたい。

欲望論

マズローモデル

欲望論というテーマからまず頭に浮かぶのは「マズローモデル（マズローの欲求5段階説）」ではないだろうか。心理学者のアブラハム・マズロー（1908〜70年）は人間の欲求を理論化し、5段階のピラミッドで表した。

ピラミッドの底辺にあるのは、生理的欲求である。食べて寝てという、動物として生きていくための基本中の基本の欲求と言える。2段階目が安全欲求であり、危険から身を守るという心理である。自然界に天敵がいた時代の人類は肉食獣から自らを守ったが、昨今多発している災害を考えると現代も重要な資質だ。3段階目が社会的欲求、すなわち組織の中での存在感への欲求である。狩猟の時代からあった欲求だと思うが、特に農耕を営み集落を形成してからは長の存在は必然となったであろう。現代も何らかの組織、あるいは地域社会への帰属による長を中心とした人間関係は重要である。さらに、4段階目に尊厳(承認)欲求がある。プライドの確保である。組織で価値ある存在として認められ、尊重されたいという欲求であり、地位であったり名声であったりする。

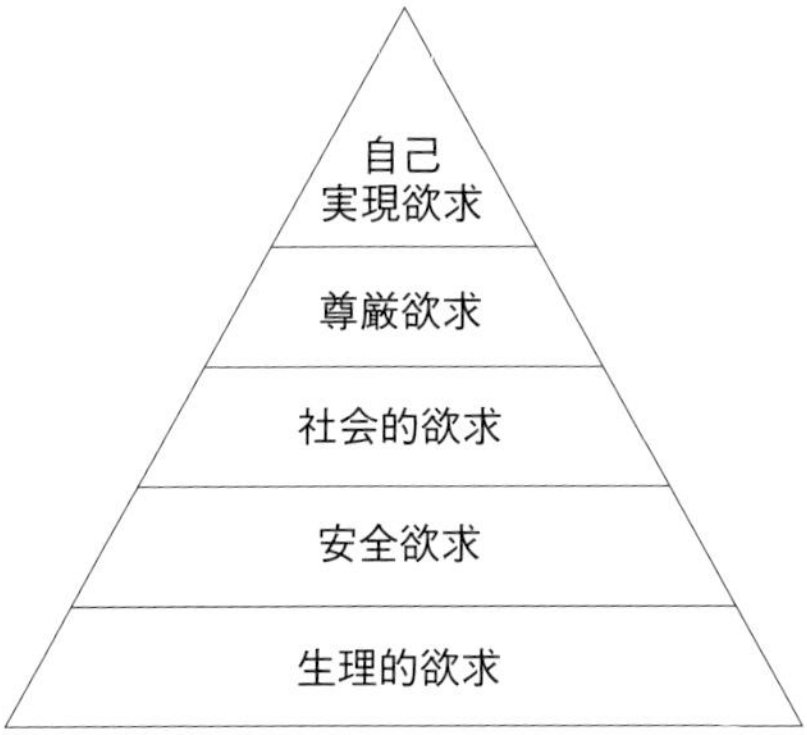

マズローの欲求5段階説

5段階目の頂点にある欲求は、自己実現欲求である。人生の達成感のようなものだ。ひと言で言えば、あるべき自分になりたいという欲求なのだと思う。求める対象は自分の経験に基づいていたり、技術の上達であったりと、他者に称賛を求めるような意識ではなく、あくまで自分のあり方に対する満足を求める気持ちである。

自己実現は単なる自己満足や他者依存ではない。例えば西洋、特にカソリックの考え方に見られるような、人生を終えるに際して意味ある寄付を行うという習慣は素晴らしいと思う。日本でも最近では、残りの人生をお世話になった社会への恩返しに使いたいという人が増え、ノーベル賞を受けた教授が後輩たちの研究のために賞金を大学に寄付するといった行為が見られる。そうした姿を見ると、日本も捨てたものではないと思ったりする。

だが、この社会学的には完璧に見える5段階モデルも、論理としては物足りないと思ってしまうのは私だけだろうか。例えば、いい服を着たい、おしゃれなアクセサリーを身につけたいといった気持ちは、どの段階に分類されるのか。どの欲求も当てはまるようでいて、そのものズバリとは言えない。人間の気持ちや衝動は、5段階ではうまく説明がつかないのだ。

では、単純に「欲しい」という気持ちをどう説明したらよいのか。その話に入る前に一つ、整理しておきたいことがある。〝欲求〟と〝欲望〟という言葉である。この二つの言葉は整理されずに使われがちだからだ。英語のWANTには欲求という訳語が当てられることが多い。一方、DESIREは欲望と訳されるが、会話の中でのニュアンスは「望む」以上、「欲望」未満という感じで、「DESIRE的」と言うのにも違和感がある。日常会話的アプローチからすると、例えば眠りたいのは欲求で、スポーツカーに乗りたいのは欲望が相応しい表現だろう。であれば、必要とされ、与えられれば一定の満足を伴うのが欲求、欲しいという気持ちが強く湧き上がり、さらに欲しさが広がっていくのが欲望と言うべきではないだろうか。

セゾングループでは、「欲求＝必要として求めるもの＝NEEDS（ニーズ）」、「欲望＝願望として求めるもの＝WANTS（ウォンツ）」という使い方が一般的であった。生活を豊かにするために存在する百貨店では、どういう欲望＝WANTSが存在するのかが重要であり、その欲望が生まれていくメカニズムを理解することこそ肝要であると考えたのである。欲望は気持ちの持ちようであることからすると、学問で言えば心理学に相当する。その始まりを手繰っていくと行き当たるのがフロイトである。

フロイト、ユング、ジラール

ジークムント・フロイト（1856〜1939年）は、心理学の最も重要な始祖と言っていいだろう。彼が始めた精神分析は、ひたすら患者の話を聞き続けて一つの体系を作り上げていくという、まさに努力の賜物であった。カウチと呼ばれるソファで患者をリラックスさせ、いろいろと質問をしながら心を探っていく、労を惜しまない心のマーケターと言える。

本を読み進め最初にたどり着くのは、人間には無意識というものが存在する、ということである。無意識はその言葉通り、人間に意識されることなく、人間の行動を左右していく。これは小売業として顧客の心理を探るうえで重要だと思いながら読んでいくと、無意識は通常は抑圧されているために、人間が寝ているときに見る夢に現れる、とあった。そこで「夢判断」の登場となるのである。

ここで気をつけなければいけないのが、フロイトが最も強く主張したリビドー（性的欲望）である。私は読み進むにつれて、リビドーが人間の根幹にあるという説明に引っかかりを覚えた。マズローモデルでは、子孫を存続させるという意味から性的欲望を安全欲求に分類しているようだが、これもどうにも納得できない。人間を理解するうえではリビドーの要素も必要だとは思うが、全ての根幹と言われると抵抗を感じるのである。

余談ではあるが、セゾングループの社史編纂プロジェクトが動いていた１９８８年頃、ジェンダー論で知られる社会学者の上野千鶴子氏に取材を受けたことがあった。「今後のセゾングループの競合は？」との問いに、私は「風俗産業」と答えた。当時飛ぶ鳥を落とす勢いにあったセゾングループは、百貨店も含め小売業の同業他社をまったく意識していなかった。今にして思えば、何という思い上がり、非常識と言わざるを得ない。幹部たちは「競合はディズニーランド」と答えるだろうと予測した私は、目立とう意識であえて奇をてらった返答をしたわけだが、これは明らかにフロイトの読み過ぎだったと反省している。このエピソードを今でも覚えているのは、私の返答に上野氏が半ばあきれたようにフッと息を吐いたという記憶からである。

フロイトともう一人、ユングを知っていれば心理学の学習はだいたいOKと感じたのも、堤清二の読書体系から得た結論である。カール・グスタフ・ユング（1875〜1961年）はどういう人かというと、フロイトの弟子ではないが、その考え方を踏襲し発展させた人物である。彼も臨床心理学者であり、提唱したのは深層心理からの心理療法である分析心理学だった。いくつかの心理学を分類し、分析してまとめ上げた。現在、テレビなどで「今日はどんな日になるか」という類のいろいろな心理学テストによる占いがあるが、これらに使われている心理学はユングがいなければ出てこなかった。ユングは分析心理学に留まらず、社会心理学まで領域を広げたが、その根底にあったのが集合的無意識である。

フロイトとユングの関係に学ぶべきことは、最初にユニークな発想をして考え方として作り上げる人がいても、それだけでは伝承・発展はないということである。体系化して広げていく人がセットになって初めて伝承・発展が可能になる。古くはプラトンとアリストテレスもそういう関係である。プラトンのイデア論は、アリストテレスがいたから分類され、体系化され、学問になっていった。果たして、堤清二にとってアリストテレスやユングがいたのだろうか。答えは否である。もしいたのなら、小売りはもっと深い視座から捉えられ、現在は存在しない流通体系ができていたに違いないと私は考える。

欲望論の本質に迫る際に重要な書籍がある。ルネ・ジラール（1923〜2015年）の『欲望の現象学』である。1961年に書かれ、邦訳が出版されたのは71年のことだった。「欲望をミメーシスな性格で解説した」本なのだが、そんなにさらっと言われても素人には……。そこで私なりのミメーシスの追求が始まった。さても辛かったのは、軽く読みこなしているであろう堤清二の知の体系に、部分的にでも追いつかないことには意味を理解できないという問題だった。今ならグーグル検索ですいすい調べ、読み進めていけるのだが、何しろ40年近く前のことである。簡単に説明されたプラトンとアリストテレスの本を読まざるを得なかった。

私なりにざっくりと理解したミメーシスとは、概念的にはプラトンのもので、〝模倣〟や〝模造〟を意味する。模倣によって神に似せて形作られたのが人間、ということになる。人間の本質はミメーシスであると言っているのがプラトンで、アリストテレスがこの概念を引き継いで音楽や文芸、彫刻などの芸術全般に広げ、学問の体系にまで編み上げていった。

ジラールは、この模倣という概念から欲望を捉えようとしたのである。彼は「一般に欲望は、主体と対象を単純な直線で結びつけて理解されるが一見、直線的に見える欲望の上には主体と対象に同時に光を放射している媒体が存在する」と述べている。そしてこの主体と対象と媒体（他者）は三角形を成していると言う。さらに「虚栄心を持った男が、ある対象を欲望するためには、その対象物が彼に影響力を持つ第三者によってすでに欲望されているということをその男に知らせるだけで十分である」と言っている。主体と対象で結ばれた底辺に媒体（他者）という頂点を持つ三角形モデルを提示したのである。人（主体）は欲望を持ち、モノ・コト（対象）を欲しがるけれど、自分の中から欲望が生み出されるとは限らない。何かの刺激（他者）によって生まれた欲望に突き動かされているという考え方だ。

例えば、ヘアサロンで女性がファッション雑誌をめくっていたとする。ふと丈の長い淡いピンクのウールコートに目が留まる。季節は秋、女性の頭にはそれを着た自分の姿が浮かぶ。そうだ、今年はウールコートを買おう。ヘアサロンの女性（主体）が雑誌のモデル（他者）によって「ウールコート（対象）が欲しい」という欲望を喚起されたということである。他者が読者モデルであったら、より身近で、より欲望を掻《か》き立てる存在になったかもしれない。

現在はマスメディア時代ではないにせよ、いまだテレビコマーシャルはネットメディアへの導入のきっかけ作りという重要な役割を持っている。例えば、人気アイドルが食べて「おいしい」と言うと、「彼女がそう言うのならおいしいのかもしれない」「どこで売っているのかネットで調べて食べてみたい」と思う。この当たり前の流れを論理的に解き明かしたのがジラールである。

欲望の三角形

心理学的な欲望論を踏まえ、次に事例を通して欲望論について考察してみたい。

西武百貨店には春と秋に行う「高輪会」という催事がある。1970年にスタートし、高輪プリンスホテルのプリンスルームを中心に全5部屋・計3000坪を使って開催されている。期間は4日間、年2回で計8日間の高輪会では、時計、宝飾、絵画等の高額商品が販売される。関西も含め何と150億円を売り上げる日本一の高級催事である。

ブランドではエルメス、カルティエ、ヴァンクリーフ&アーペル、ブルガリなどが参加している。アイテムでは、機械式の高級時計等がよく売れる。トゥールビヨンという、回転により誤差を最小化する装置をご存じだろうか。この機能を備えた複雑なメカニズムでできた機械式時計がよく売れるのである。テニスプレイヤーのナダルが着用し有名になった、リシャールミルの2000万~3000万円の商品がぽこぽこ売れる。お金はあるところにはあるというお話ではある。

会場内には指輪やネックレスなどを収めたガラスケースが壁面をぐるりと巡り、その中心に数メートルはある花のモニュメントとシャンゼリゼを思わせるカフェ風テーブル群が据えられる。百貨店では一般に、高額商品の商談は個室で行われることが多いのだが、高輪会ではテーブルが隣接するオープンスペースで行われる。

テーブルごとに、壁面のガラスケースから持ち込まれた指輪やネックレス等の商談を行うのである。4000万〜5000万円はする大ぶりのダイヤモンドをこれ見よがしに翳《かざ》して見る顧客もいれば、2000万〜3000万円の機械式時計を次々と着け替える顧客もいる。ルース（裸石）ダイヤモンドの商談中の顧客が隣りのテーブルでも同じ商品の商談をしている様子を見て、「あれより大きなものを」と社員に指示したという例は多々ある。まさに、他者によって欲望が増幅され、対象が高額化していくのである。

このような顧客の競い合いを促す会場のレイアウトが始まったのは70年代後半のことだった。初めにレイアウトを引いた人間がジラールを読んでいたかどうかは別にして、この原理を知っていた私は「なるほど、なるほど」と思ったし、他のメンバーも当然のごとく理解していた。このようなことが暗黙知となっていたのが、セゾンのマーケティングなのである。ちなみに、そごう・西武になった後に伊勢丹から社長を迎えたことがあり、MDや商品展開など多くのことを教わったことには感謝しているが、このレイアウトについては最後まで理解をしていただけなかった。セゾン特有のマーケティングノウハウだったのである。

欲望の三角形で最も分かりやすい事例は、西武百貨店の広告戦略である。顧客（主体）が商品（対象）を欲する気持ちを広告（他者）が増幅する。こんな複雑な考え方をしなくても、テレビコマーシャルを使って、例えば洗剤ならいかにきれいに汚れが落ちるかを見せる、菓子であればもちもちとして美味しそうなビジュアルを見せるなど、いくらでも方法はある。実際、現在もそうだが、当時もそのような広告はたくさんあった。

では、セゾングループの広告は何が違っていたのか。それは、直接的にモノの宣伝をしなかったということである。百貨店には文字通り〝百貨〟とはいかないまでも、様々なジャンルの商品がたくさんあり、物理的に一つひとつを宣伝するわけにはいかない。その中で何をしたのかというと、時代に対してライフスタイルメッセージを発信したのである。マーケット全体の欲望を喚起しようとするかに見える大胆な戦略であった。

その基底にあるのが、セゾングループのコーポレートアイデンティティー（ＣＩ）である。社史には電通にいた経験のある大先輩がＣＩを持ち込んだと書かれている。当時それをＣＩと呼んだかどうかは別としても、堤清二にはコアなる考え方があり、それをクリエイターたちの力を借りながら、メディアを使って発信していったのである。

ただ、何が言いたいのか分かりにくかったのも事実であった。２時間ドラマを買い切って放映した数回のコマーシャルでは、海で働く漁師のひたむきな作業の情景や、山で木材を切り出す人の仕事ぶりをひたすら映し出した。このときのコピーが「お手本は、自然界。」だった。人間の営みは儚《はかな》く、結局は自然界に戻っていく。自然こそが絶対的価値であり基準である。このような考え方に基づいて企業活動をしているのがセゾングループであるとメッセージしたのである。どれだけの人が理解していたかは、今もって謎ではあるが……。

欲望を〝三角形〟で喚起していこうとするセゾンのコマーシャルが始まったのは、75年の「手を伸ばすと、そこに新しい僕たちがいた。」である。シャツの襟をジャッケットから大胆に出した父親に、西洋人の妻、そして裸の男児という登場人物たちが、ニューファミリーと呼ばれた新しいターゲットを演じた。美術館がロワジール館の上層階にでき、そこへ至るエレベーターが開くたびに高級ブティックが眼前に開けるという、西武百貨店が呼ぶところの9期大増築オープン時の広告である。

しかし、その頃に入社した私には、広告のインパクトよりも、下駄履きでいける百貨店に別れを告げた革新的な店内にインパクトを受けた。例えば「オーマイダイニング」は家庭用品売場だったが、まだ見ぬアメリカのダイニングの様子が再現され、まさにライフスタイルの百科事典のようであった。前にも述べたが、広告よりも実態が先行していたのである。

6文字コピー

次に着目すべきなのは、1979年に渋谷西武から発信が始まった「女の時代。」(口絵)である。今では当たり前の社会的メッセージだが、「お歳暮スタート」とか「お買い物は○○百貨店で」と言っていた時代には異質だった。だが、〝女の時代〟は堤清二の本質的な考え方に根ざしたものであり、マーケットにメッセージを発信するだけでなく、社内でもショップマスター制度などに取り組み、女性マネージャーも多く誕生していた。

私は堤の生い立ちに由来する心理などに言及するつもりはないが、東大時代に「細胞」という左翼運動に関わったということからも察せられるように、基本的には反体制の考え方がその根底にはあった。女性や子供などいわゆる弱者の論理で考えるということは、当時の西武百貨店のマーケティングの原則のようになっていた。後の時代に「あの頃から西武では女性の活躍に傾注していた」と褒められたりしたが、社内的には別段、驚くことではなかった。ただ、「女の時代。」から数年後、西武百貨店は女性の就職ランキングベストテンの上位に入る企業になったのだが、給与や将来性などの面でかなりの過大評価を受けるようになったことも事実である。

広告先行でイメージを醸成していった時代の幕開けは、80年の「じぶん、新発見。」(ロ絵)である。当時、西武スポーツ館をスタッフとして立ち上げ売場の係長をしていた私も、ポスターを見て「冴えてる」と思わず発したのを覚えている。この頃の西武百貨店では、ただ売り上げを上げて利益に貢献するよりも、誰も言わなかったことをいち早く言ったり、日本で初めてのものを作ったりすることが評価された。〝いかに冴えているか〟に血道を上げていたのである。

「じぶん、新発見。」のポスターのビジュアルは、長く生きている人なら記憶に残っていると思うのだが、幼児がさりげなく水中を泳いでいる姿である。説明的に言えば、人間の持つ思いがけない可能性を大事にしようというメッセージであり、百貨店初の大型カルチャーセンター「池袋コミュニティ・カレッジ」のオープンに連動させた広告であった。コピーを手掛けたのは、現在は「宝探し」とか「ほぼ日手帳」と言わないとピンと来ないかもしれない糸井重里氏である。「じぶん、新発見。」から〝6文字コピー〟が始まり、81年の「不思議、大好き。」、そして有名な82年の「おいしい生活。」へと続いていったのである。

私は長く販促領域にいたが、この数年間の糸井氏は日本のコピーライティングの世界では間違いなくナンバーワンだったと思う。コピーで時代を動かした、と言っても過言ではない。時代はバブルに突入し、未来永劫、「おいしい生活。」が続くかに思えた。

この頃、私は営業企画を担当していたが、本当に調子に乗っていて、まるで世の中を動かしているような錯覚の中にあった気がする。世の人々にワンランク上のライフスタイルを提供するという提案でも、〝啓蒙〟という上から目線の言葉まで飛び出す始末であった。まさに〝有頂天マーケティング〟の時代であったと言える。

82年の「おいしい生活。」はあまりのインパクトで、83年にも持ち越すという、年間テーマ史上唯一の出来事となった。その後は、84年の「うれしいね、サッちゃん。」、85年の「情熱発電所」、86年の「元禄ルネッサンス。」、87年の「じゃない。」と続き、88年の「ほしいものが、ほしいわ。」に至ったが、インパクトはいまいちであった。

ただ、「ほしいものが、ほしいわ。」(口絵)だけは、世の中に衝撃を与えた写真集『サンタフェ』の3年前の宮沢りえを起用し、コピーも重要な意味を持っていたと思っている。バブル終盤でまだ盛り上がっていた時期に、セゾンのマーケティングはモノが溢れる社会に対してアンチテーゼをぶつけたのである。エルメス、カルティエ、シャネルなどラグジュアリーブランドの隆盛とともに婦人服の売上はピークを迎え、百貨店の改装も粗利の稼げる婦人服売場の拡大に追われていた頃のことだった。

当時すでに専門大店構想をスポーツ館から食品館へと推し進めていた堤の頭の中には、百貨店が問屋から仕入れた同じ商品を並べているだけの現状では、顧客を喜ばせることなどできないという認識があったのだと思う。同質化は、結果として消費者にモノの飽和感を与えていくことになる。そこから脱却するためには、独自の品揃えの拡大と深化が必須であると考えていたのだろう。これが「ほしいものが、ほしいわ。」を生み出した背景である。今や当たり前と思われるこの考え方が一般的に論じられるのは、それから10年以上後のことであった。堤清二には、はっきりと未来が見えていたのである。

所有論

誇示的消費

欲望が増幅されていけば、モノを欲しくなり、所有したいと思う。これは人間の素直な発想プロセスである。では所有とは何か、なぜ人は買おうとするのだろうか。

１９５０年代後半、「もはや戦後ではない」と呼ばれたこの時代に皆が所有しようとしたのが〝三種の神器〟、つまりテレビ（白黒）、洗濯機、冷蔵庫である。60年代半ばには〝新・三種の神器〟として、カラーテレビ、クーラー、カー（自動車）へと所有の対象は移っていった。後者の耐久消費財は３Cと言われ、消費者の労働意欲をそそった。

この単線的所有欲が起こったのは、当時の日本人にとってこれら商品が豊かな暮らしの象徴だったからだ。憧れのきっかけを作ったのは、「うちのママは世界一」や「パパは何でも知っている」というアメリカのホームドラマだった。大きな車に、何でも出てくる大型冷蔵庫、そしてクーラーの効いたゆったりとしたリビングルーム。まさに上等で上質な暮らしがそこにはあった。

この富豪の暮らしに憧れて真似ようとするメカニズムを初めにひも解いたのが、アメリカの経済学者であり社会学者のソースティン・ヴェブレン（1857〜1929年）だ。彼が著した『有閑階級の理論』（1899年）は、家庭外商というセールスマンたちとともに高級品を売る百貨店人にとっては興味をそそられる内容で、私は貪《むさぼ》るように読んだ。ひと言で言うと、大金持ちがどんな行動をしたかのレポートである。

なぜこのテーマをヴェブレンは選んだのか。奥さんが中西部の上流階級のお嬢さんだったことに起因しているようだ。結婚をして、妻の実家である大金持ち一家の生活や行動が、社会学者の目には記録し世に伝えるべき内容として映ったのだろう。ヴェブレン自身はノルウェー人で、当時のアメリカ社会では上位の層とは言えない立場であったと思われる。このコンプレックスが著作のエネルギーになって、名著が生まれたことは想像に難くない。目の当たりにする金持ちの一つひとつの行動が新鮮で、不思議に見えたのだろう。実際、有閑階級の誇示的消費を提示したことは話題を呼んだ。しかしヴェブレンの本来の主題は、資本を蓄積し富を独占した有閑階級と底辺で暮らす非支配階級という問題を、制度経済学の視点で浮き彫りにすることであった。

この本が出版された1899年とは、どういう時代だったのか。誇示的消費の一番目に挙げられているのが自動車なのだが、「高級車を持ったのね」と現代感覚で受け流さないでいただきたい。自動車は1769年に誕生してからパワーアップと豪華な内装、そしてスピードが追求されていったが、基本的には手作りであった。これを大変革したのが、1908年に発売されたT型フォードである。アメリカのフォード・モーター社がベルトコンベアによる流れ作業方式で大量生産した世界初の大衆車だ。これは単に自動車業界の話ではなく、〝フォーディズム〟として働き方、経済、社会に大きな影響を与え、近代大衆社会の骨格形成のきっかけとなった。

『有閑階級の理論』が出版されたのは、その10年ほど前である。当時のダイムラーやパナールの自動車が、現代のフェラーリやランボルギーニなどとは比較にならないほど高級な持ち物であったことが、お分かりいただけただろうか。

もう一つは、別荘である。自然豊かな郊外の暮らしと都会の暮らしの両立が意識されたのは、この頃が始まりではない。避暑のために別宅で過ごすという習慣は、帝政ローマにまで遡ることができる。都市と郊外という意識を持つのはさらに後で、ルネサンス以前の14世紀前半のこと。中世イタリアで都市（コムーネ）が徴税や食糧調達などを目的として周辺農村（コンタード）を取り込むようになり、年月の経過とともに両者の関係が深まり、都市と郊外という意識が持たれるようになっていった。私はシエナにあるコンタードを訪れ、画家アンブロジオ・ロレンツェッティ（1338〜40年）の「善政の効果」というフレスコ画を観たことがある。そこには郊外の暮らしを楽しむ都市生活者の姿が描かれていた。

しかし、直接的に影響を与えたムーブメントは、17世紀のフランスにあったと考えられる。食材を郊外に持ち込み皆で楽しむピクニックが始まり、広まって習慣化していく。19世紀初頭にはイギリスにわたり大ブームとなった。このピクニックの習慣が、有閑階級の別荘ブームの火付け役のようだ。別荘と呼ぶからには自らの権勢を誇れる設《しつら》えを見せ、価値あるコレクションなどを鼓舞することが必須となったのである。ヴェブレンが言うところの誇示的消費＝見せびらかし消費の始まりである。

やがて別荘は選ばれし有閑階級の競い合いを引き起こすこととなったが、その一方でマーケティング的に捉えれば、水が高いところから低いところへと流れるがごとく、一般の人々にも普及していった。現代でも、富裕層が始めて徐々に一般化していくということは、しばしば起こる現象である。西武百貨店に置き換えると、家庭外商のＶＩＰ顧客が好んだものが一般客に広がっていくという流れだ。これを私たちは〝ディフュージョン〟と呼び、企画作りの基本とした。したがって富裕層の動向は、ネクストマーケットの予兆を与えてくれる重要なマーケティングテーマであった。

階層なき消費社会

後発の大衆百貨店であった西武百貨店が、なぜ後に日本一の売上を誇るようになったのか。そのきっかけを問われたら、私は真っ先に海外ラグジュアリーブランドの早期導入であると答える。

呉服系の老舗百貨店が日本の伝統工芸、高級和服、日本画等を富裕層に対するお薦め商品群としたのに対して、西武百貨店のマーケティングは洋物、モダンな商品をお薦めする傾向にあった。同じ領域で戦っても勝ち目はなかったことも否めないが、根底には堤清二が西洋文化を強く好んだことがあったと私は考える。そのためかどうかは確証がないが、西洋環境開発や西洋フードシステムズ、そしてホテル西洋銀座など〝西洋〟を冠したグループ企業が多い。

では、なぜ当時の大衆百貨店が名だたるヨーロッパブランドと提携できたのか。それは当時パリに住み社交界にまで精通していた堤清二の妹、邦子女史の力によるものである。丸眼鏡の画家、藤田嗣治が社交界とともにあった話は有名だが、日本人にとってはなかなか敷居の高い場であったことは間違いない。また、パリのファッション界は、注文服(オートクチュール)を選ばれし階層に提供するというビジネスモデルが主流の頃だった。そのため、世界の東の外れにある日本で商品を展開するという発想そのものがなかったと考えられる。

それがなぜ可能になったのか。パリでは企業名ではなく人、誰が依頼し誰が受けるかがとても重視されていた。その意味では、西武百貨店が持っていた堤邦子という武器は、最強無敵のものであったと言える。この力を頼って早くから駐在部をパリに置いていたことも、仕事がスムーズに進んだ一因である。

ラグジュアリーブランドの導入について、時系列で振り返ってみたい。

スタートは1962年のイヴ・サンローランである。輸入販売権とライセンス契約を取得している。このブランドは西武を離れた後、ライセンス権がとんでもなく広がり、一時期はトイレのスリッパやタオルまで出て、日本ではポピュラーなブランドになってしまった。近年、ライセンス契約を整理し、エディ・スリマンなどのデザイナーが貢献し、日本でもラグジュアリーブランドとして再確立した。しかし西武百貨店が導入した当時のファッション界では、現在のレベルを遥かに超える超大物ブランドだった。この大事件とも言われる出来事により、西武百貨店にはその後、続々とラグジュアリーブランドが導入されたのである。

年表風に追うと次のようになる。65年にエルメスの輸入販売権獲得、73年にヴァンクリーフ&アーペル、74年にミッソーニ、77年にソレイアード、79年にルノートル、80年にソニアリキエル、ジャンルイシェレル、ジャンフランコフェレ、81年にリバティを導入、そして83年にエルメスと合弁会社を設立した。その後も勢いは止まらず、84年にケンゾー、87年にジョルジオアルマーニ、90年にボッテガ・ベネタと続く。

ヴェブレンの有閑階級（富裕層）と労働者階級の隔たりという問題意識とは真逆の、日本独特の階層なき消費社会が登場したのである。これはまさに、堤清二のマーケティングの勝利であった。

意味されるもの

階層なき日本社会に最も相応しいマーケティングを堤は見つけた。このテーマについては、『セゾンの歴史』(1991年)という社史でもセゾン関連の書籍でもあまり触れられていないが、もとになる考え方を提唱した人物とその著書がある。堤は日頃から様々な書籍について著者名を挙げながら語っていたが、この人物について語ったことを私は知らない。

私は前述したリブロルートでその書籍を知った。そして堤にならって『物の体系』(1968年)、『消費社会の神話と構造』(1970年)、『記号の経済学批判』(1972年)、『生産の鏡』(1973年)、『象徴交換と死』『シミュラークルとシミュレーション』(1981年)、『アメリカ 砂漠よ永遠に』(1986年)と読破した。前置きが長くなったが、これらを著した人物がジャン・ボードリヤール(1929~2007年)であり、最も売れたのが『消費社会の神話と構造』である。ボードリヤールの名を聞いて「なるほど」と膝を叩いた人は、現代においてかなりマニアックな人と言える。ただし『悪の華』を書いた作家と勘違いする人もいるのでお気をつけいただきたい。このボードレールも、提が愛読した一冊であることを付け加えておく。

ボードリヤールはフランスの思想家であり哲学者だが、私は消費マーケットを捉えた社会学者と見るべきだと考えている。カール・マルクスの著書を翻訳したこともあり、マルキシズム的思考プロセスを備えていることから、ボードリヤールの考え方を理解するために『資本論』を読み直すこともした。ボードリヤールの主張をマーケティング的に語るに当たっては、どうしても通らなければならない工程がある。〝記号論〟という学問である。私は課長時代から社長になるまで40年近く、この考え方をベースにマーケティングを行ってきた。その経験から非常に有用で普遍的なアプローチ手法だと思うのだが、世の中的にはバブルの産物として忘れられているような気がする。

記号論を立ち上げたのは、フェルディナン・ド・ソシュール（1857〜1913年）である。スイスの言語学者で、〝近代言語学の父〟と呼ばれている。学者としていくつか論文を発表しているが、実は書籍は一冊も著していない。1906〜11年に3回行った講義が後に『一般言語学講義』としてまとめられ、出版された。私は丸山圭三郎氏の訳本を読んで記号論にはまり込んだが、影響を受けた人物は限りなく、記号論は構造主義という思想の基礎を作り上げ、ロラン・バルト、ジャック・デリダ、クロード・レヴィ＝ストロース、ミシェル・フーコー、そしてジャン・ボードリヤールと次々と飲み込んでいったのである。

ソシュールが提示した理論は多岐にわたるが、ここでは最も重要な記号論について論じたい。ソシュールは言語は記号の体系であるとし、〝シニフィアン＝意味するもの〟と〝シニフィエ＝意味されるもの〟という二つの要素が表裏一体となって結びついたものであると述べている。シニフィアンは記号表現、シニフィエは記号内容と言われる。しかし、この説明で「なるほど」とうなずく人はほとんどいないであろう。

具体的な例を挙げよう。「道」と聞いてまず浮かぶのは、人が歩き、車も通る道路である。一方、「人の道」あるいは「〇〇道」と言えば、生き方であったり、追求するものであったりする。人の歩く道は直接の意味であるから記号表現＝意味するものであり、生き方のほうは派生してくる意味なので記号内容＝意味されるもの、ということになる。他にも例を挙げよう。「椅子」と言えば、意味するものは当然、座る椅子である。意味されるものは、会社で社長の椅子と言えば役職・地位となる。また「腕」の意味されるものは実力であったりする。ここまではご理解いただけたと思う。

この考え方を基本に置きながら、デリダが構造主義という思想体系を確立し、後にレヴィ＝ストロースのポスト構造主義との論争を繰り広げていくのだが、本書のテーマとは距離のある世界なので割愛する。

ボードリヤールは記号論を使って〝消費社会論〟という考え方を世に出した。ひと言で言うと、「消費はコミュニケーションと交換のシステム」と『消費社会の神話と構造』で述べている。ただ、この著作は最も有名でありながらなかなか難解で若干の論理の飛躍もあるため、これだけを読んでも理解の届かないところがある。興味を持ち読んでみようという方には、「モノの機能としての価値が情報に置き換わる」と論じる『物の体系』をお薦めする。

本書で論じたいのは、この〝価値を置き換える〟ことである。直接引用してみたい。「物の機能体系の整合性は、物（および色、かたちなど、物の様々な局面）が、そこではもはやそれ固有の価値を持たず、記号の普遍的機能を持っているからである。それは、記号によりたえず文化へと移行する自然＝文化性である」

やや難解な部分があるので私なりに要約すると、物は固有の価値（使用価値）＝意味するものを離れ、文化的背景の中での価値（情報価値）＝意味されるものになっていく、と言っているのである。例えば自動車については、「別の場所に行くことは必要なことであり、スピードは快楽である。自動車を所有することはそれ以上のことがある。つまりそれは、一種の市民権である」「男性は、自動車という効果的な記号を持つ世界を外で支配している」と述べている。自動車は使用価値（シニフィアン＝意味するもの）＝移動手段だけではなく、家の外の世界では豊かさや人柄などを表現する情報価値（シニフィエ＝意味されるもの）になる、と言っているのである。

「広告は物の体系の機能的な頂点にある」「広告は純粋なコノテーションである」「広告により物は、より確実にコノテーションの体系となり、デノテーションは一つのアリバイに過ぎなくなる傾向にある」……。ボードリヤールは、シニフィアンをデノテーション、シニフィエをコノテーションと分けているが、ほぼ同義として問題ないと私は捉えている。

ここで言っているのは、広告は消費社会の最も頂点にあり、単に商品が優れているかどうかということよりも、その商品や企画を通して企業がどんな考え方をしているか（意味されるもの＝シニフィエ＝コノテーション）を示す重要なものであるということである。今で言うＣＩあるいはブランディングの考え方に他ならない。すでに論じた意味の分かりにくい西武百貨店の広告の根元も、意味されるものであると私は考えている。言い換えれば、それがセゾン・マーケティングの骨格なのである。

シニフィエを読み解く

次に、価値の交換について論じていきたい。マルクス経済学をはじめ経済学では、交換の概念は重要である。マルクスの資本論に始まる価値論から論じると複雑になるので、そこは割愛し、ずばり現代の生活者にとっての価値論をシニフィアンとシニフィエという記号論で説明させていただく。

私たちは現在、「モノを買っているわけではなく、意味を買っている」と言ってすんなり頭に入る人は少数派だと思うので、少し説明を加えたい。モノを買うという行為は、それによって何かを達成するためにある。その達成すべき目的は何かが重要なのだ。

例えば、庭の掃除をしようと思い立つ。物置に道具を取りに行くと、ゴム手袋が切れているのに気づいた。そうだ、前に使って捨てたときに、買っておかなければと思って忘れていたのだった。しようがないと覚悟を決めて、近くのホームセンターまで足を運ぶことにする。そこで買い求めるゴム手袋は、サイズがぴったりで、必要にして十分な機能を持った〝価格納得性〟のある商品である。求めているのはまさに使用価値なのである。

同じ手袋でも、外出用の手袋となると様子がちょっと変わってくる。もちろん寒い冬であれば指先が冷えない暖かいものという使用価値を求める。しかし女性であれば、素材であったり、色であったりと、いろいろな要素を見て選択していく。おしゃれに見られたいとか、センス良く見られたいという、使用価値だけでは説明できない価値の追求があるのだ。今年らしいカラフルでポップなものを選んだのなら、それは活動的で流行に敏感であるという〝意味（シニフィエ）を買う〟部分が含まれていると言える。

もう一つ、例を挙げ考えてみよう。かつて西武百貨店が合弁会社を作っていた、ラグジュアリーブランドの王者とも言えるエルメスの「バーキン」のバッグにまつわる話である。このブランド名の由来は、言わずと知れた女優・歌手のジェーン・バーキン。事実婚であったセルジュ・ゲンズブールとの間に生まれたシャルロット・ゲンズブールは有名だが、他にも二人、父親の違う娘をもうけるなど、多くの物語を持った大物女優である。

ジェーン・バーキンが飛行機に乗っていたときのこと。女優なのでいろいろな化粧道具をかごに入れて、無造作に足元に置いていた。そのとき隣りに乗り合わせていたのが、エルメスの社長のジャン・ルイ・デュマ氏だった。このときの会話で「化粧道具などがたくさん入るバッグがない」と言うジェーン・バーキンの声に応えてマチ（奥行き）の大きいバッグを作り、プレゼントしたというエピソードがある。

これはかなり有名な話で、多くの女性が知るところとなり、このマチの広いバッグを購入し始めたのである。現在も売られていて、その人気に生産が追いつかず、半年、一年待ちの状態という。サイズはもともと大型だったが、現在は25センチ幅の小型のものも出ている。最もシンプルなものでも120万円を超えるが、在庫があれば即売れるのだから、日本は何と豊かなことかと思う。

バーキンのバッグについて記号論的分析をしてみよう。シニフィアンは使用価値であるから、物がたくさん入るバッグということである。しかし、物がたくさん入って、革で頑丈なバッグだから今も売れているという分析には、明らかに違和感がある。

では、シニフィエは何か。それは「センスの良い豊かな暮らし」である。ルイ・ヴィトンやグッチなど様々なブランドがあるが、バーキンを持つことには特別な意味があるのだ。飛行機内の物語であり、ジェーン・バーキンの女性としての生き様であり、それらの複合的シニフィエが購買意欲をくすぐるのである。しかも、どこよりも厳選された上質な革を使い、映画にもなった人々を魅了する職人の技で作られている。このバッグが高すぎるかどうかについて論じるつもりはないが、〝物語代〟が乗っかっていることは明らかだ。

バーキンを含むエルメス社の営業利益率は、諸々の経営努力の結果として同様の日本のファッションブランドの10倍に上るということを付け加えておきたい。

ここでやや自虐的な話になるが、百貨店の栄枯盛衰を記号論で説明したい。かつて百貨店の売上が良かったのは、ひと言で言えば、良い物を買うなら百貨店しかなかったからである。百貨店で買っているということは、それ自体が良い物を買っているというシニフィエを含んでいたのである。その後、スーパーや専門店ができてくると、「百貨店で買ったラルフローレンよ」といった言い方をするようになった。百貨店は定価販売なので、「私はしっかりと正規ルートのブランドを買っている」というシニフィエである。

次に到来したのが〝安心ブランド時代〟であった。例えば、ジャケットだけはトゥモローランドという時代である。ジャケットは脱いだときに、襟のところにブランド名が見える。他のものは安価な量販商品を身につけていても、目立つところのシニフィエを大切にするという考え方と言える。

さらに時代が進むと、「服はユニクロで十分、でも私はこのように着こなしている」という人が現れてきた。ユニクロを着こなしている自分のコーディネイト力がシニフィエということだ。そしてさらに、全てネットで価格比較をして買うことがスマートライフという流れが生まれてきている。ここではそのライフスタイルがシニフィエとなる。最近では、消費は罪悪であり、服はシーズンごとに10着で十分という意見も聞かれるようになった。自然環境を意識して、倫理観を持ってモノを使っていくエシカルな生活そのものがシニフィエとなったりしている。

少し極端な例を挙げたが、シニフィエを読み解く力が少なくとも百貨店には重要である。私はバブル崩壊以降も記号論的アプローチでビジネスを継続できているので、決して古《いにしえ》の学問ではないと力説した次第である。

遊戯論

ホモ・ルーデンス

遊戯論の考え方は、教育論などにはあるらしいのだが、私のような捉え方は珍しいようである。私の捉え方はもちろん堤清二の考え方に基づいており、それはセゾン・マーケティングの一翼を担ってきた。

この考え方はよく知られている一冊の本から始まっている。オランダの歴史学者ヨハン・ホイジンガ（1872〜1945年）の『ホモ・ルーデンス』である。訳せば〝遊ぶ人〟となる。彼が著したものの中では『中世の秋』のほうが名著で、ルネサンスという時代を捉えるうえでものすごく重要な論考である。スイスの歴史学者ヤーコプ・ブルクハルト（1818〜97年）が1400年代のイタリアの美術活動をルネサンスと呼んで一世を風靡した後、ホイジンガはルネサンスは突然出てきたものではなく、中世が成熟した結果としての形であると指摘したのである。これについては堤清二にマイクを向けたら雄弁に語り出すであろうし、ルネサンス絵画の研究を趣味とする私もたくさん語りたいところではあるのだが、本題から逸れるので割愛する。

『ホモ・ルーデンス』でホイジンガは、人間の本質的な機能は遊ぶことであると規定している。そして遊びを神聖なものとして、真面目にいくつかに分類・定義している。宗教も遊びに分類しているが、これはキリスト教社会のヨーロッパではかなり大胆なことであった。

遊びの４象限

遊戯論を語るときにホイジンガより重要なのが、フランスの社会学者であり哲学者のロジェ・カイヨワ（１９１３〜78年）だ。基本的には、ホイジンガの考え方を踏襲しているが、新たなるモノを加え再整理している。非常に分析的な考え方ができる人で、縦軸・横軸による〝４象限〟を作り出したのである。

まず、ルールのない遊びはパイディア、ルールのある遊びはルドウスと二つに分けた。象限上では上と下に位置づけられる。ここからが重要で、次にカイヨワは遊びを四つの要素に分類したのである。

一つは、「アゴン＝競争」。ルールのもとに行われるのが競争であるがゆえに、競争は遊びの中で最も分かりやすい要素だろう。F1やルマン24時間レースに代表される自動車レースなど競技スポーツ全般が競争であり、コレクションも競争の一種である。例えば、昆虫を集めている人が、ものすごい貴重種をたくさん集めている人に出会うと、競争心が焚きつけられてもっと集めようとする。

二つ目が、「アレア＝運」である。ホイジンガもカイヨワも真面目な人なので、ギャンブルの話はあまりしないのだが、運が作用する遊びと言えばギャンブル以外にないだろう。昔の本にはギャンブルとはお手玉と書いてあるが、よく分からないので最近の例で示すと、ルーレットやロト6、ロト7などが当てはまる。今流行のゲームの中にもギャンブル性の高いものは多々ある。

三つ目が、「イリンクス＝めまい」だ。これを使った遊びは、今も相変わらず人気がある。ジェットコースターもお化け屋敷も、ここに分類される。強烈な刺激を楽しむ遊びの分類とも言える。

四つ目が、「ミミクリー＝模擬」である。ちょっと古い話になるが一例を挙げると、マドンナと同じ格好をしようと、鋲が飛び出している黒いブルゾンを皆が着るといった現象があった。このような人たちのことをワナビーズと言ったが、コスプレも同様で、いわゆる〝なりきり症候群〟である。

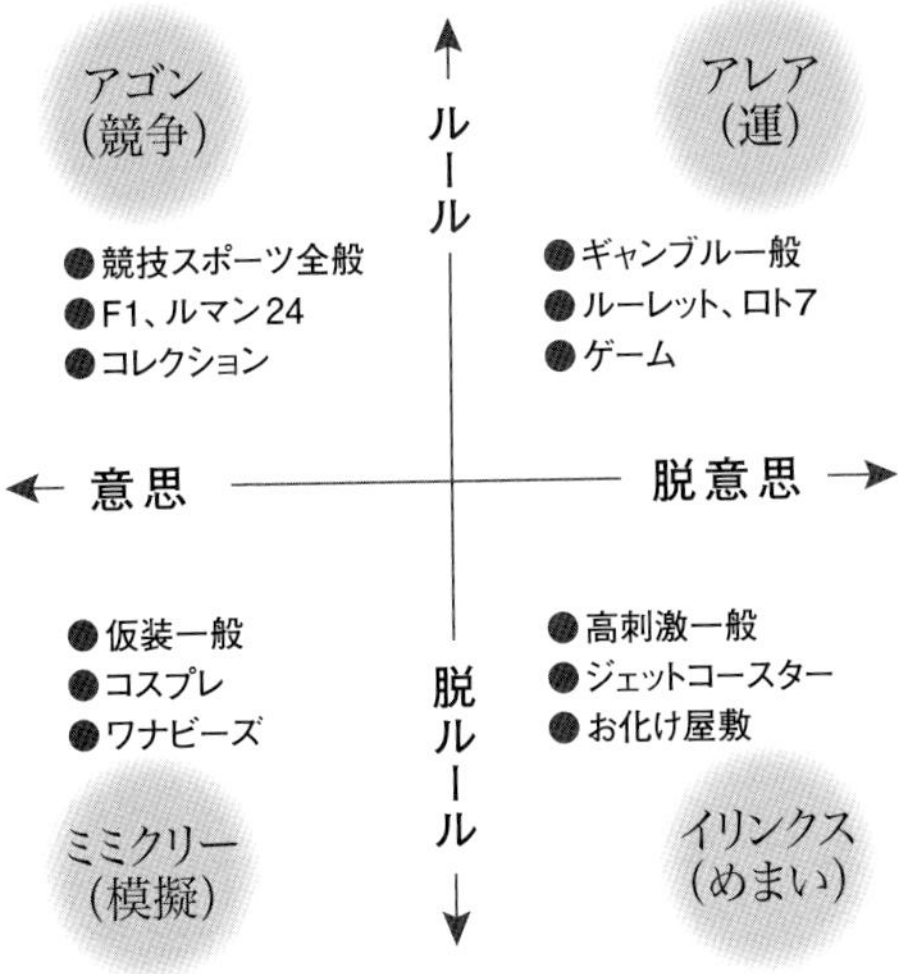

この遊戯という考え方を、堤義明・清二兄弟はとても意識していた。私も若い頃にグループつながりで勤務したことがある苗場プリンスを含むリゾートホテル事業は西武鉄道グループの中核事業であり、西武流通グループ（セゾングループ）でも第Ⅰ章のジュニアボードの項で触れたマリン事業などは

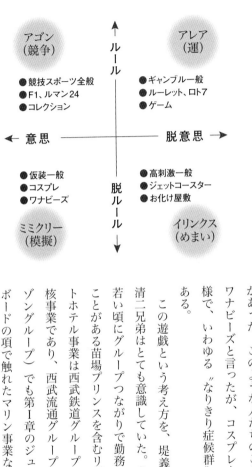

その最たる事例である。

しかし、ここで言いたいのは、そうした直接的レジャー事業のことではない。遊びの要素を人間の根幹に関わるものとしたセゾングループのマーケティングについて、である。西武百貨店では、ちょっとしたイベントでもアレア的要素を入れることが多かったし、顧客の収集癖をビジネスの大きな対象としていた。高輪会でのテーブル越しの買い物バトルも、欲望喚起のエンジンはカイヨワが示すところのアゴンである。当時、皆がこの理論を知っていたかは別として、遊びの論理はセゾン・マーケティングの重要な要素だったのである。

第Ⅲ章

セゾン・マーケティングの技法

行動消費

限界効用逓減の法則

行動消費は、セゾングループの本質に関わる大きなテーマだと常々考えてきた。1980年代初頭、消費がどのように喚起されていくのか、そのメカニズムはどのようになっているのかを読み取るためのキーワードが、行動消費であった。考え方の基本になっているのは、第II章で提示した欲望論、所有論、遊戯論といったマーケットを捉える思想である。それらを踏まえた実践編が行動消費と言える。当時、企画に携わっていたメンバーの全ての人が、現在でも「あれね」とうなずくであろうし、グループに属した全ての人が「そのことね」と納得する、まさにセゾンの暗黙知と言える言葉である。

ただ、一般読者のためには、少し遠回りになるが触れておかなければならないことがある。まず、ネットで行動消費を検索すると、消費行動と変換されてずらりと項目が並ぶ。これは消費者の行動をどう把握するかなどの、いわゆるマーケットサーベイに類する論考であり、行動消費とは無関係である。もう一つ触れておかなければならないのは、〝行動経済学〟である。ずいぶん前にこのワードを耳にし、本も読んでみたが、これも別物である。しかし行動経済学については最近、ノーベル経済学賞をとって話題にもなったので、若干の説明を加えておきたい。

２０１７年、ノーベル経済学賞を受けたのは、アメリカの経済学者リチャード・セイラー（１９４５年〜）である。07年の『行動経済学入門』や16年の『行動経済学の逆襲』が分かりやすいのでお薦めではあるが、彼はひと言で言うと経済学界の異端児である。経済学では人間は利益追求のために論理的・合理的に行動すると捉えられ、実際は感情に伴って非合理的な行動もする現実社会とは一線を画してきた。

私は大学時代に経済を専攻し、「限界効用逓減《ていげん》の法則」という理論を学んだ。雑な言い方になるが、「満足感がだんだん減っていく法則」である。授業ではステーキの例が挙げられた。１枚目のステーキに対して2枚目は満足度が減り、３枚目はさらに減る。そして4枚目、５枚目、６枚目とだんだん減っていく。ギャル曽根でもあるまいし、何十枚もステーキを食べられるはずもない。

このような経済学の考え方に対して、セイラーの素晴らしさは、心理学をうまく経済学に混ぜ込んだところにある。彼が〝ナッジ〟（ヒジで軽く突っつく）と呼ぶ、ちょっとした心理的背中押しによって消費者が経済行動を起こすということを、経済学を真っ向から否定することなく説明したのである。ただ、例えが極めてマクロ的で、嗜好性の高い消費財を扱ってきた私にはいま一つと思ってしまう理論ではある。金融・証券界でもてはやされているというのも納得がいく。

行動経済学にはもう一つ名著がある。『実践！　行動経済学』（鈴木敏文著、朝日新聞出版）である。素晴らしい実践理論であり、これについても語りたいのだが、かなり深く論じたいのでまた別の機会にさせていただきたい。

行動から消費へ

前置きが長くなってしまったが、私が語ろうとしている行動消費とは何か。ひと言で言うならば、人間は行動目的ができたときに消費をする、という考え方である。あるテーマなりイベントなりがあったとする。すると人はその実現のために「どういう自分を作り上げるのか」というイメージを描き、衣装なり小道具なりを取り揃えていく、ということである。

例えば、この冬はスキーに行こうと思いつく。でもまだこの時点では何を取り揃えようかなどとは考えない。まずは、誰と、いつ、どこへ行くか。それが定まり計画が進行するプロセスで、上級者であれば道具立てが頭を巡る。スキー板は去年のままでよいか、ビンディングは、ストックは……となる。しかし、一般スキーヤーの女性であれば、まず浮かぶのはスキーウェアであろう。どんなゲレンデに、どんな自分がいるのかを思い描くのだ。ちょっと目立ちたい、技術の不足を手助けしてもらうにはかわいらしいウェアがよいのではないか、去年と同じメンバーだから違うものを着なければ……。このように購買計画が動き出す。つまり、行動が消費を生み出すのである。

よくコト消費とモノ消費という言い方をするが、これらの言葉を最も早くから使っていたのは西武百貨店であったと自負している。だからこそ、モノ消費とコト消費をまったく分離するなどナンセンスであると、当時から考えていた。スキーの例からも分かるように、まずはスキーに行くというコトがあり、最初に消費を決意するのは目的地での宿泊であり、移動手段まで含めれば旅行消費＝コト消費である。これがスキー板やビンディング、ストック、さらにワックスやリュックなどの道具、ウェアから衣料小物までの購買＝モノ消費を生み出していくという流れになっている。

西武スポーツ館と同じ79年にオープンした池袋コミニュティ・カレッジも同じ発想だった。「じぶん、新発見。」という同年の有名なコピーは、何かを学ぶことで自分の中にある未知の能力に出会うことができる、人が持っている計り知れない潜在能力をコミニュティ・カレッジで一緒に発見していきましょうというメッセージである。それによりオープン後、様々な講座が百貨店の店頭物販を活性化していったのだ。

例えば「絵画入門」であれば、デッサンに必要な画用紙、木炭、練りゴム、ガーゼ等、さらに「絵画制作」に進めば、絵の具、筆、パレット、筆洗バケツ、拭き道具が趣味雑貨売場で売れる。英会話教室であれば、文具をはじめ、教材のカセット、再生機器などが音・映像売場で売れる。これらの買い物はコミニュティ・カレッジの会員証の提示により優待される。ここまでは単純なモノ消費だが、絵画も英会話も一定期間を過ぎると、それぞれの教室で国内海外の実践ツアーが企画される。したがって、気軽に相談できる西武百貨店自前の旅行会社ヴィーヴルのカウンターが、コミニュティ・カレッジの中に出店していた。コト消費の広がりにもしっかり対応していたのである。

行動消費のメカニズムに基づいてできたスポーツ館を大成功させると、さらなる行動消費の根幹とも言えるスポーツジムを自前で作るに至った。その名称は「リボン館」である。〝RE-BORN=生まれ変わる、再生する〟という意味合いから、糸井重里氏によって命名された。提案の際、糸井氏が「リボーン」と言いながらペンでリボンの形を一筆書きしたというのは、当時企画に関わっていた人たちの間では有名な話であった。糸井氏が乗りに乗っていた時代の逸話の一つである。池袋のサンシャインシティにあったそのスポーツジムの草分けには、それまでは見たこともなかったランニングフィールドが、室内の中2階にぐるりと巡らされていた。当時、市場に出たばかりのランニングマシーンの他に、である。

顧客最優先の事業連鎖

リボン館もコミュニティ・カレッジと同様に、トレーニングウェアやスニーカー、スポーツ飲料用ボトルなど、様々なモノ消費を生み出した。恩恵を受けたのは、サンシャ

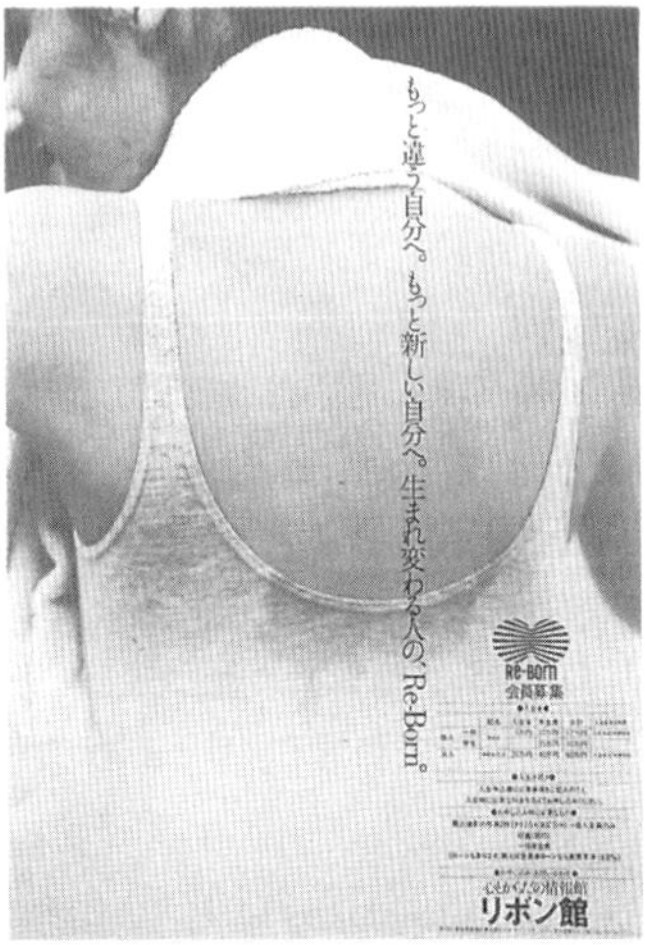

コト消費に対応したスポーツジムの草分け「リボン館」のポスター

インシティから徒歩十数分の地の利を生かしたスポーツ館だった。スポーツシューズは当時、どこでも買えるものではなかった。ミズノのシューズは神保町のミズノスポーツショップへ行かなければ買えなかったし、オニツカタイガーのバスケットシューズも発祥の神戸に行かなければ買えないとは言わないまでも、それなりのスポーツ用品店でしか扱っていなかった。そうした商品も揃えていたのである。

一念発起して〝行動〟を決意した人は、まずはリボン館で基礎体力を養い、個別競技を選択する。西武スポーツ館に行けば、必要なモノや探しているモノが揃い、仲間探しから競技会場案内まで無料で行うスポーツ情報サロン「みんなのスポーツコーナー」が2階で待っているという仕立てである。顧客の行動が途切れないように事業を連鎖させていく、これが当時の西武百貨店のマーケティングの真髄であった。今とは違って、モノが満たされていなかった時代であったため、やること為すことが当たり続けたが、現代でも十分に通用するカスタマーファースト（顧客最優先）の考え方である。

リボン館がオープンして間もなく、私たちは春の珍事を経験した。桜の時期を迎えると女性客が増えるのである。まだこのビジネスモデルに慣れていなかったメンバーは首をかしげた。そして夏になると女性顧客は減少した。「ああなるほど」と気づかれた読者は多いと思うが、春の売上を押し上げたのはリゾート地で着る水着である。

暖かな春を迎えると女性は次の季節の到来に思いを馳せる。そう、灼熱の太陽が輝く楽園だ。カラフルな水着がリゾート地を埋め尽くす。今年の流行は、私はどう輝くか……そんなことが気になり始めた女性たちには越えねばならぬ壁があった。前年の秋口あたりからおいしいものを食べ歩き、その楽しさの代償として豊かになったおなか回りである。これではビキニはムリ、ムリ。そこで駆け込み寺のリボン館への入会となるのである。そして成果の出た人にも、それなりの人にも、スポーツ館は水着選びを丁寧にサポートしていく。行動消費の連鎖である。

バブルへまっしぐらの時代、クリスマスのレストランは予約が取れず、高級シティホテルにも顧客が溢れた。馬場康夫氏率いるホイチョイ・プロダクションが「私をスキーに連れてって」（1987年）、「彼女が水着にきがえたら」（1989年）、「波の数だけ抱きしめて」（1991年）とヒット映画を連発し、消費者はまるでリビドーに突き動かされるかのごとく行動消費のティピカルな連鎖パターンを示していた。しかし行動消費は、第Ⅱ章の欲望論の項でも述べたが、バブルに咲いた徒花《あだばな》ではない。行動消費はバブル時代には単線的なインパクトのつながりだったが、バブル崩壊と同時に消え去ったものではない。消費という世界における本質的マーケティングであるからこそ、私はバブル崩壊後も行動消費の理論を根底としてマーケティング部門、商品開発部門、店舗現場を切り盛りし、そして経営を執行してきた。その経験から、バブルとは離れた事例を次に挙げる。

物語から〝言いわけ消費〟

百貨店は、正月が一段落してバレンタインに突入していく前に、収益の源となる大きなうねりに飲み込まれる。一般に〝マザーニーズ〟と呼ばれる婦人服の大きな盛り上がりである。婦人服売場はヤングミセスからミセス、さらにフォーマルまであり、その中でもマザーニーズは婦人服売上の大きなシェアを占める。卒入園式、卒入学式、謝恩会などに参加するためのスーツのニーズである。

スーツと言っても、新入社員が着る紺や黒のシンプルなものではなく、季節柄、薄手のツイード素材であったり、控えめな柄のジャカードであったり、襟もノーカラーの上品なもの。どうも専門用語なしには説明しにくいジャンルなのである。例えば「シャネルスーツのパターン」と説明して「なーんだ、あれね」と反応していただけると幸いなのだが、なかなか……。分かりにくければ、お母さんたちが謝恩会でよく着ている服とでも理解していただきたい。

男性陣には理解しがたいかもしれないが、このスーツが女性にとっては重要なのだ。同様なスーツはだいたい誰でも2~3着は持っているのだが、それでは駄目。もちろん、体がたっぷりしてしまって入らなくなったとか、流行からかなり遅れてしまったのでとてもムリといった喫緊の課題を解決するために新たに購入するということはある。これならしようがないと男性陣も思うところだが、多くの場合は他人や家族、特に夫からすれば手持ちのもので十分と見えてしまう。しかし、本人は納得できないのだ。なぜか、それは行動消費だからである。大事な席に出席するという行動によって起きる消費なのだから、新品に並ぶ代替はないのだ。

少し突っ込んで考察していきたい。第II章で論じたシニフィアンとシニフィエについて思い出してほしい。シニフィアンは「意味するもの=使用価値」、シニフィエは「意味されるもの=情報価値」を示している。婦人スーツの場合、夫を中心とする家族はシニフィアンで捉えるけれど、妻本人にとっては妥協できないシニフィエなのである。

その場合に意味されるものとは何か。卒業の謝恩会であれば、親にとってもお世話になった学校の先生方とのお別れの最後の晴れ舞台であり、ましてや子供が優秀な学校への難関を突破したのなら親としても成功者という情報=シニフィエをまとわなければいけない。単なる服ではなく、大きなメッセージと言える。絶対に妥協できない行動消費なのである。

マザーニーズの根底には何があるのか、ご理解いただけたと思う。このウォンツに対応する〝物語〟を、ブランド側は用意する必要がある。まず分かりやすいシニフィエは、そのブランドが持っている物語である。例えば、英国の伝統が紡いだブランドヒストリーであったり、アメリカのビバリーヒルズのVIPによって育てられたサクセスストーリーだったりする。次に大事なのは、素材である。生地自体がブランド化しているイタリアの高級ウールであったり、糸の番手の細さゆえに醸し出される輝きを持った日本の高級シルクであったりする。さらに、縫製の質も重要だ。日本屈指の縫製工場で一着一着、丁寧に仕上げられている、立体裁断で体のあらゆる動きに対応している、といったことを指す。

これらの物語を顧客との会話のキャッチボールの中で、販売員がセールストークとして伝えていくのである。顧客の好みの色や柄、デザインは入り口としてあるが、購買の決め手は物語にある。なぜなら、服の内に秘められたストーリーでありながら、それを着用し、誰かに褒められたときには、「待ってました」とばかりに語り出すメッセージとなるからだ。顧客は行動に突き動かされ、結果として〝意味（シニフィエ）〟を消費しているのである。

マザーニーズに対する手法は、子供を育て上げた主婦たちにもしばしば使われている。謝恩会以外にも、お花の発表会や誰かの演奏会、同窓会……行動消費は果てしなく広がる。そうしたシーンが発生したときに出てくる言葉は決まって、「着て行く服がない」なのだ。これは百貨店のみならず、ファッション業界全体にとってウェルカムな話である。このような消費を、私は行動消費の中の〝言いわけ消費〟と分類している。

不公平にならないよう、夫側の言いわけ消費も披露させていただく。中年男性が好きなものの筆頭は、車を除けば時計である。１００万円程度の商品は普通の給与所得者も買うし、少し成功した人たちは1000万円以上の商品をさらっと買っていく。このときの言いわけ消費のキーワードは〝限定商品〟で、とりわけ「手作りの一点物」は殺し文句となっている。

行動消費としての船旅考

行動消費の中で最も1客当たりの買上額が高いと言われているのが船旅である。この船旅こそが、行動消費そのものの世界的発祥だと私は考えている。少し丁寧に歴史をひも解いていきたい。

船旅の起源は19世紀中頃のフランスやイギリスである。大航海時代を経て世界に進出したヨーロッパの開拓者たちは、各国から珍しい野菜や工芸品などを持ち帰った。それら産品を庶民レベルにまで知らしめたのが万国博覧会だった。1851年のロンドン万博に始まり、4年後には2回目がパリで開かれている。その後、ウィーン、フィラデルフィア、メルボルン、バルセロナ、シカゴ、ブリュッセルなど世界の主要都市がその舞台となっていった。1900年には近代オリンピックの2回目の大会と万博がパリで同時開催となり、世界の注目を浴びた。そこに至るまでの間、万博が発祥したロンドンでの開催は1回だが、パリでは4回も開催されている。それは1853～70年にセーヌ県知事を務めたジョルジュ・オスマンのパリ大改造によるところが大である。

パリを訪れると、凱旋門から放射線状に広がる大通りに圧倒される。華やかなシャンゼリゼなどの通りは、パリ市街の大改造により出現したものである。それ以前のパリは糞尿が窓から投げ捨てられ、細い小道には悪臭が漂っていた。それらを一蹴《いっしゅう》し、世界に冠たる近代都市が出現したのである。ただ、街の異臭防御策として繁栄した香水文化と、写真家ウジェーヌ・アジェがその作品に遺した改造前の猥雑なパリの街角、ほのぼのとした人々の様子も捨てたものではないと私は考えてしまう。

このパリ大改造を成し得たのはオスマンの力だけではなく、産業革命を境に急速に増加したブルジョワジーの経済力によるところも大きい。当時の消費環境を確認してみたい。1852年には大量に押し寄せる顧客をさばくため、ブシコー夫妻により百貨店という新業態が登場した。このボン・マルシェの後、オスマン改革を背景にプランタンなどの百貨店群もデビューし、世界最大の消費環境が整った。着飾る女性たちは先進ファッションを生み出し、部屋は東洋趣味を取り入れたアール・ヌーボーの家具や小物で満たされた。

その状況下で生まれたのが、実際に世界に飛び出すという実体験型レジャーとしての船旅だった。第Ⅱ章で述べたヴェブレンのような観察者がパリにはいなかったため、その豪奢な暮らしは記録されていないが、欲望の三角形的ブルジョワジーたちが豪華さを競い合う様子は想像に難くない。そうした婦人たちが100日近くも船内という限られた空間で暮らすのである。用意されるカクテルドレスからフォーマルドレスは、当時もてはやされ始めたオートクチュール（注文服）のデザイナーたちを繁昌させたはずだ。服を収納するかばんもハンギング機能を備えた家具さながらと、贅《ぜい》を極めていた。ちなみに、この荷造り用の大型かばんを作っていたのが、今やフランスを代表するラグジュアリーブランド、ルイ・ヴィトンである。こうして船旅は多くの消費を生み出した。

最近では船旅はずいぶんとポピュラーなものになり、部屋を替えずにいろいろな場所を楽しめ、様々なレジャー施設も楽しめるという利点から大人気になっている。大型船による短期間クルーズの安価な商品もたくさん出回る一方、豪華客船での世界一周クルーズという夢のような企画にも顧客は殺到している。ゴージャスな船旅に際しては船長による事前のオリエンテーションがあり、船内での楽しみ方などが紹介される。この後の百貨店に場を移しての買い回り額の大きさは、往時のパリの情景を彷彿《ほうふつ》とさせる。

ブリューゲルの魚

行動消費が形成された歴史的視点、マザーニーズの広がりについて論じてきた。さらに拡大すると、バレンタインデー、母の日、父の日、中元、敬老の日、歳暮へとつながる〝年間ギフトストーリー〟も行動消費であることは、お分かりいただけるだろう。しかし、この呼び方は後に意図を持って作られたものであって、当初はそうは呼ばれていなかった。

中元・歳暮を除く年間ギフトについては、西武百貨店では「モチベーション企画」と呼ばれていた。私が入社した1975年にはすでにそう呼ばれていたので、私は何の疑問も抱かなかったのだが、後に伊勢丹から社長を招いたときにかなり特殊な呼び方であることを知らされた。他の百貨店ではオケージョン企画とか単にギフト企画と呼ばれていたことから、モチベーションとは何だということになったのだ。

モチベーションは一般に意欲とか動機づけの意味で使われ、しばしば人事的教育的局面で登場する単語である。一方、オケージョンとは、TPO（TIME＝時間、PLACE＝場所、OCCASION＝場合）の〝O〟である。したがってオケージョン企画と言ったほうが、特別の儀式や行事などを示すことが分かりやすく、納得性がある。

では、なぜ西武百貨店ではモチベーションという言葉が当てられたのか。行動により消費が喚起されるという行動消費のメカニズムが共通認識されていた、ということなのだと思う。西武百貨店の歴史ある高級催事「高輪会」も、高輪プリンスホテルという高級感溢れる独特の空間を使うことによる顧客への購買動機付けによって売上の拡大を目指したのは明白である。当時の池袋本店は〝池袋の下駄履き百貨店〟だったので、どうしても切り離された特別の空間が必要だったのだろう。伝統は引き継がれ、現在でも高輪会はＶＩＰ客にとっての行動消費の王座として君臨しているのである。

ただ、この伝統をそのまま受容するのではなく、心理学的・哲学的・社会学的視点で脱構築したい、と私は考えた。80年代前半のことだったが、役員会で私は、池袋本店の年間営業展開を答申する際に、行動消費という概念を打ち出した。その頃の私は欲望論に傾倒していたので、この概念に沿って行動消費について説明した。さらに説明を補強するため、次のようなアプローチも試みた。

西洋美術をこよなく愛する私が当時追いかけていたのが、ピーテル・ブリューゲルというルネサンスがイタリアで隆盛していた頃のフランドル（現ベルギー）の画家だった。

「雪中の狩人」とか「農民の婚宴」あるいは「バベルの塔」を描いた人と言うとピンとくる人もいるのではないだろうか。この画家が描いた「大きな魚は小さな魚を食う」という、ややマニアックな絵がある。これをデフォルメした図で説明を試みたのだ。

ブリューゲル「大きな魚は小さな魚を食う」(1556 年)

　この絵に描かれているのは、浜に上げられた大きな魚の口から小さな魚が飛び出し、引き裂かれた腹からも魚が溢れ出す様である。制作当時のネーデルランド絵画は諺《ことわざ》を表現するのが常で、この作品は「強い権力を持った者は弱い者を支配し、破壊することができる。しかしその末路は悲惨なものである」というメッセージを持っている。何やら、昨今で言えば、永らく偉大な経営者とされて君臨した人物が、実は私腹を肥やしていて、結果として社会的大制裁をくらったことを描いているようである。この中世からある教えは現代にも必要なのではないかと考えさせられてしまう。

このような諺の意味は知っていたのだが、私がヒントとしたのは、小さな魚をまさに飲み込もうとする大きな魚の欲望の達成の瞬間である。つまり、目標なり計画なりが鮮明化したときに人が欲望を顕在化させていく様を、ブリューゲルが描いた魚で表現したかったのだ。それこそが行動消費のメカニズムであると、デフォルメした図案をもとに力説したのである。しかし、理屈っぽいことが自然だった当時の西武百貨店においてもこのマニアックな説明は浮いていたようで、理解は得られなかった。

ここで私が言いたいのは、過去の企画を踏襲するのではなく、行動消費の心理的メカニズムをよく理解して企画立案することこそが、新しいニーズやウォンツを引き出すということである。それこそが、飽和してきたかに見える昨今のマーケットを活性化させる解決策と言えるのではないかと思うのだ。

コトを起こしてモノを売る

変化を自ら創り出す

「コトを起こしてモノを売る」は、新しい企画を作る際のキーワードである。世の中にないコトやモノをイベントや売場企画としてインパクト強く提示し、興味を引き、売上を作り、さらに継続的に連鎖を広げてマーケットを創り出すことを示している。既存のモノであっても、その見方や利用法の斬新な見直しが重要である。そのように若い頃の私は考えていた。

変化を自ら創り出すという高ぶりは、今にしてみると思い上がり以外の何物でもないが、当時の西武百貨店では普通に為されていた考え方だった。また現在、このような考え方が大企業の中からはなかなか出てこないために、スタートアップ企業の独壇場となっているのが実態である。とはいえ、決して諦めるべきではないという考え方から、いくつかの具体的な事例を提示させていただく。

［事例①］毛皮・ドレスのパーティー企画

毛皮とドレスの売上が、欧米の百貨店と比べてあまりにも小さいという問題提起があった。1983年のことである。さてどうするか――。

この頃、企画を作るときには、まず売場の販売員にヒヤリングし、その後にお客様のご意見を伺うのが基本だった。ただ、多くの場合、お客様は存在しないモノを作ってくれとまでは言ってくれない。微妙な不満の中からヒントを見つけ出す読解力が重要なのである。このマーケティングサーベイをスタッフ任せにしたり、ましてや代理店に任せたりすることが私は嫌だった。情報は加工するたびに角が落とされ丸くなっていくので、スタッフや代理店のレポートから元情報らしい印象は感じられても、具体的なアクションを作り出す材料にはならないからだ。

自分自身で顧客と面談する中で、家庭外商顧客がこぼしたひと言が引っかかった。

「派手なドレスを着てみたいが、着て行く場所がなくて……」

微妙なニュアンスを含んだそのフレーズに私は強く反応した。ならば、その場を作ればよい。これが私の結論であり、立案したのがファッションショーだった。

企画はすんなりと承認された。この頃の成否の判断基準は、企画のユニークさであった。他ですでにやっていたり、内容が陳腐であったりする企画は、たとえ利益に貢献することが見えていても通ることはない。とりわけ他の百貨店が実施した内容であったりしたら、次からは話も聞いてもらえなかった。一方、企画の独自性と斬新さが認められれば、経費が多めにかかろうがお構いなしだった。企画単位の事業収支という考え方はまったくなく、よく言えば長期視点での〝損して得とれ的大らかさ〟があった。われわれマーケターにとって厳しかったのは、いかにウケる企画を作って経費を分捕るか、つまりは社内競合との戦いだった。

一般的な企業であれば、場作りにかかるコストが利益を上回るとなれば、その事業計画の困難さに二の足を踏むのが現実だろう。しかも事業計画を検証する際には何らかの先行事例が必要で、その中から事業のフィジビリティー（実現可能性）を検証していくことが常のため、新しい挑戦は芽を出す前に引っ込んでしまうのである。たとえ事業計画が立案されても、大企業ではその実現可能性に疑問を投げかける層が多重化しているため、新規のユニークなビジネスが生まれにくくなっているのではないだろうか。

私が企画したのは、堤家が所有していた麻布の洋館「米荘閣」を利用してファッションショーを開催し、終了後にゲスト顧客はデザイナーとともにパーティーを楽しむというものであった。その場には、高級ブティックの上得意客を招待する。その顧客を事前に毛皮とカクテルドレスの新作発表会に招待するという建てつけであった。まさにパーティーというコトを起こし、毛皮とドレスというモノを売る、という組み立てである。この企画は見事に当たり、その後もオープンしたての話題のホテルや、まだ開発途上にあった湾岸の倉庫で継続された。

［事例②］スターマジックデイ

1980年代中頃のこと、年間ギフト計画の見直しがテーマになった。慣例ギフトと呼ばれる中元・歳暮の売上に陰りが見え始め、何らかの手を打たなければならなくなったのである。

この課題に対して二つのチームが編成された。一つは、中元・歳暮を展開する催事場のオペレーション担当、一点一点の商品を確認しながらカタログを作る制作担当、具体的な商品を取引先と交渉する商品担当などで構成される現状改善チーム。もう一つは、年間ギフトの視点で現状を見直し、まったく新しい施策を考える企画開発チームであった。

当時の西武百貨店は、プロジェクト型マネージメントを確立していた。課題解決のプランを一定期間、だいたいの場合は2～3週間かけて提案するプロジェクトである。メンバーは必ず企画スタッフ部門から1人が事務局として入り、あとの4～5人のメンバーを店内からアサインして構成していた。メンバーのアサイン能力も企画スタッフには重要で、いかに冴えた人間を知っているかも競い合いだった。メンバーを拠出する各商品領域部門も意外と大らかに受け入れていた。部門の業務を継続しながらの兼務型プロジェクトだったが、働き方改革などという考え方などなく、仕事が増えれば個人裁量で残業でも何でもしてこなしなさいという考え方であったからだ。

したがって、能力のある人間はたとえ売場勤務であっても、どんどんプロジェクトに駆り出された。これでヒーヒー言っている姿がステータスで、冴えた発言をしたり、斬新な企画書を作ることができる人間は、やがてスタッフに取り立てられた。売場を少し経験したらスタッフになれる、いわば〝スタッフ天国〟の時代であった。

二つのチームによるプロジェクトは企画全体の取りまとめ役としての私の仕事であった

が、私は当然、抜本的改革チームに肩入れすることとなった。

基本に置いたのは、中元・歳暮という慣例ギフトが先細りならば、パーソナルギフトの需要を拡大すればよいということだった。これは2月のバレンタイン、5月の母の日、6月の父の日、9月の敬老の日、12月のクリスマスと続く。11月初旬からはクリスマスの大商戦、10月は体育の日や北海道展などイベントが目白押しのため、パーソナルギフト提案の照準は6~9月に合わされた。この間のカレンダーを穴があくほど見つめると、一つの特別な日が浮かび上がってきた。七夕祭りである。7月7日は夏物のバーゲンが始まる前で、店への集客も悪い時期に当たる。ターゲットは若い男女、これだ！　私は膝を叩いた。

プロジェクトメンバーからは、店の広場に巨大な笹を立てて願いの短冊を括るというサービスや、和のグッズを集めた七夕ギフトのコーナーなど、それなりの企画が上がってきた。しかし、これではコトが起きていない。

企画のポイントは、どこもやっていない斬新な発想であり、時には逆張りとも言える大胆な切り口であった。七夕と言えば和の世界であり星空。星、星、星……ミラーボールと、ヘンテコなイメージ連鎖が頭に浮かんできた。ディスコ企画である。78年に「サタデーナイトフィーバー」というジョン・トラボルタ主演のディスコフィーバー映画が大ヒットし、それから80年代後半まで大箱のディスコは若者の社交場としてもてはやされていた。この頃の企画は店の中に留まるのではなく、街へと広がる展開が求められていたので、プロジェクトスタッフたちはさっそく六本木に繰り出した。その結果、各ディスコが企画に賛同し、7月7日、ディスコ7店企画が出来上がったのである。西武百貨店が発行する共通チケットでディスコ7店舗が入場フリーになるというものだ。

ただ、ギフトを贈り合う二人だけのデートシーンが足りない。そう感じるに至って、やっとこの企画のコンセプトが浮かんできた。星が二人に魔法をかける日、「スターマジックデイ」というタイトルである。これで二人きりになった……星が見える……星が見えるのは暗い場所……そうだ、ベイエリアだ！　ちょうど湾岸開発が進んで、お台場・豊洲方面にスポットが当たり始めた頃だった。潮風に吹かれるベイエリアで星の魔法にかかる二人。しかしそこには、今とは違ってレストランもなければバーもなく、自動販売機すらなかった。

それで諦めないのが当時の西武百貨店であった。ないなら作ろう。時間があればレストランまで作ってしまうという発想は普通にあった。しかし何しろ、時間がない。発想の冴えた食品の企画担当と私は夜更けまで議論を続けた。二人の乾杯はシャンパンだろう……シャンパンにはパルマの生ハム12カ月熟成……ルノートルのバゲットも付けて……と魔法のパーツが決まっていった。でも、待てよ。波止場に船をつなぐビットに腰掛けたとしても、テーブルがない。ならば、シャンパンと生ハムのバゲットを入れる厚紙の箱を開くと、箱の四隅から足が出てきてテーブルになるというのはどうか……。かくして、スターマジックボックスの企画がまとまった。

この企画全体に当時人気だった若者向け情報誌が乗ってきて、特集ページを組んでくれた。そしてコトは起きたのである。ギフトについても各商品領域部門が協力してくれ、「二人で贈り合う」というコンセプトでユニークな商品が各フロアで展開された。企画は大きな話題を取り、それなりの売上も付いてきた。残念ながら定着するまでには至らなかったが、この企画で揉まれたスタッフたちはその後、社内で大活躍した後に西武百貨店を去り、それぞれが別の業界で重要なポジションでコトを起こしている。

［事例③］納品所ディスコ

ディスコつながりというわけでもないが、タイトル通り池袋本店の納品所をディスコにした企画のことである。

本題に入る前に、西武百貨店池袋本店のターゲットに触れておきたい。呉服系の伝統百貨店と比べて、西武百貨店の客層は明らかに若かった。飛躍の起点となった池袋本店の9期大増築リフレッシュがニューファミリーを対象にしていたこともあるが、それ以前からさらに若い層からかなりの支持を得ていた。

私が学生時代のこと、池袋本店7階に突然、「BE・IN」という売場が出現した。東京丸物がパルコになったり（1969年）して、ちょっと怖い街だった池袋にも変化が起き始めていた。ただ、やはり百貨店と若者には出会いのきっかけが少なかった。記録によると、当時の先輩たちもヨーロッパから新しいファッションを導入し、「ブティックドヨーロッパ」という売場を作るなどしてコトを起こしていたようだ。ディスコの走りの「MUGEN（ムゲン）」が赤阪に登場した頃の話である。

とはいっても、何せ情報伝達手法の乏しい時代である。私がBE・INを知ったのは、その真っ黒い紙袋からだった。黒いマットな手提げ袋には、シルバーの文字でBE・INとだけ表記されていた。おしゃれな袋だとは思ったが、どこのブティックのものなのかも分からない。池袋本店の7階に行き着くまで、しばし時間がかかった。広大なスペースを使った売場は、それまで見たこともない斬新さを持っていた。ファッションから雑貨までおよそ百貨店ではお目にかからないモノばかりで、かなりの驚きがあったと記憶している。しっかりとコトを起こしていたのである。しかしモノを売る部分が弱かったのか、飽きっぽい社風はその頃から始まっていたのか、売場はどんどん小さくなり消えていった。

その流れを汲んでできたのかは定かではないが、4階のパルコ寄りの紳士服ゾーンには「ウエストビレッジ」と呼ばれるヤングゾーンがあり、当時流行っていた原宿の「文化屋雑貨店」の商品も買えたりして、若者のメッカになっていた。池袋本店の紳士服は特にトラッドゾーンが強く、西武百貨店が売上日本一になるずいぶん前からトップに位置していた。時代はぐーんと下って84年のこと、このパルコ寄りのゾーンに「アップルシティ」という婦人ヤングゾーンが登場した。好調に推移していたが、88年に少し低迷したことから活性策として考案されたのが、納品所ディスコ企画であった。

納品所は長いスロープを上がった3階にあり、トラックが10台ほど乗り着けられる広大なスペースだった。この無機質な空間に新しさが感じられたのは、真っ暗にして仮設のミラーボールにブラックライトが交錯したときだった。当時、白金で「ダンステリア」というダンスクラシック系ディスコをやっていたニック岡井氏にＤＪをお願いし、ブレイク前のバブルガムブラザーズにモータウンヒットメドレーを歌ってもらった。

動員的には大成功を収めたイベントだったが、私が自負していることは他にある。その前年にあったスペイン展のための現地視察で持ち帰ってきた、毛の羽の付いた扇子が大ウケしたことである。情報開発の名目で現地をほっつき歩きしていたわれわれ担当メンバーは、北中央ヨーロッパの人々がバカンスで訪れるバルセロナ沖に浮かぶイビサ島を視察した。そこはまさに〝ディスコ島〟で、10軒は超えようかという大型ディスコがひしめいていたのだ。朝まで続く宴の盛り上がりのすごさは、当時の日本でディスコブームを牽引していた六本木のスクエアビルの比ではない。情報開発はなりきることが重要だという勝手な理屈をつけて、われわれも朝まで盛り上がったのだった。

その盛り上げにビキニやボディコンの女性たちが振っていた扇子を持ち帰り、納品所ディスコで披露したのである。納品所にはトラックの荷台の高さに合わせて高い場所があったので、主にそのゾーンで扇子は振られた。ご存じの方も多いとは思うが、バブル時代の象徴的映像として出てくる、お立ち台の扇子振りで有名になったジュリアナ東京のオープン前の話である。

異常な盛り上がりを示したディスコイベントは夜中の12時を過ぎた頃、警察官の登場とともにお開きとなった。コト（事件）を起こしてしまったのだ。理由は騒音苦情であった。われわれも素人ではないので警察・消防には届けを出していたし、線路と広い明治通りに面していた周辺に民家が1軒もないことも確認していた。では、誰が？　苦情の主は西武鉄道だった。納品所の裏手が鉄道乗務員の仮眠の場所だったのである。翌日、私の上司は西武鉄道に菓子折りを持参してお詫びに行ってくれた。持つべき者は責任を取ってくれる上司なのである。

［事例④］イス展

屋外での行動を中心に行動消費について述べてきたが、コトの起こし場所は室内でも多々あった。80年代に入ると、75年頃から西武百貨店が使ってきた〝ライフスタイル〟という言葉が一般化し始めた。街にはおしゃれなカフェバーができ、そこでは決まってAOR（アダルト・オリエンテッド・ロック）が流れ、マンハッタンの大人の社交場を思わせた。しかし、ライフスタイルの本拠地である自宅は、どう欲目に見てもイケていなかった。百貨店ではカッシーナやアルフレックスなどの高級家具は扱っていたが、ソファはやけに大型で足の届かないものもあり、背もたれまでが深くて寄りかかろうとするとコロンと寝てしまう。要は、日本人の身の丈サイズのモダンインテリアが供給されていなかったのである。

そこで考えた。何かのきっかけが必要だ、ではこの場合のコトとは何か——。その答えとして導き出したのが、「イス展」だった。当時、建築を趣味としていた私は、海外の暮らしの中で使われている建築家が設計したイスに惹かれていた。ただ、特にヨーロッパの建築におけるイスは、インテリア全体の文脈にしっかりと位置づけられて存在している。そこまでのトータルな導入は、日本にはまだ早いと思った。むしろ何の脈絡もなく存在感のあるイスがドンとあったほうが、そこから何かが始まるのではないだろうか。一点豪華主義と言われてもいい、一脚のイスから新しいライフスタイルが生まれることもあるのではないか、コトが起こせるかもしれない、と考えた。

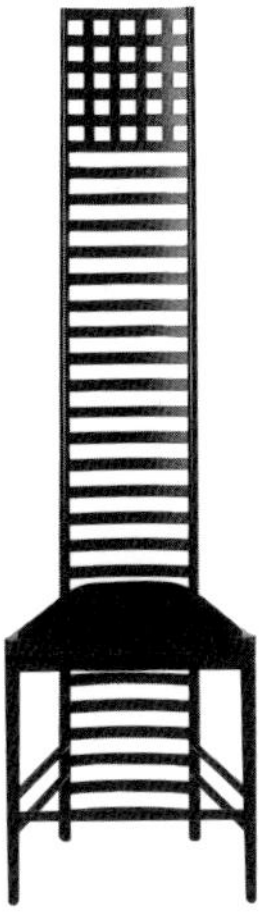

マッキントッシュのラダーバックチェア

イス展の象徴として、背の部分が

ヒョロっと高いマッキントッシュのラダーバックチェアを使った。当時、オランダの「デ・スティル」というアート活動に共感していた私は、まずは建築家ヘーリット・トーマス・リートフェルト（1888～1964年）のレッドアンドブルーとバウハウスの創立者ヴァルター・グロピウス（1883～1969年）のアームチェアの調達ルートを探した。また、革新的なプロダクトデザインで評価を確立していたイギリスのデザイナー、ロン・アラッド（1951年～）のスタジオ「ワンオフ」と現地駐在部がルートを作ってワリシーチェアを導入し、さらにイームズチェアと品揃えを加えていった。当時すでにアートピース化していたものもあったため、手続きが大変だったのを記憶している。

かくしてイスの品揃えは何とか見えてきた。だが、イス展の着地までにはひと悶着あった。私はこのイスたちをインテリア売場に展開しても意味がない、婦人服や紳士服などファッションフロアでの展開が必須と考えていた。イス展はライフスタイルの革新につながる一石を投じる企画であり、そこで起こされたコトは必ずファッションの活性にもつながる。そこまでの構想を説いて回った。ほとんどの人々が半信半疑ではあったが、半ば強引に〝全館型イス展〟はスタートした。

1階からエスカレーターを上がっていくと、各階にメインディスプレーが展開され、視界に飛び込んでくる。様々なデザインのイスが展示キャプションとともに鎮座し、その周りにはデザインの雰囲気を合わせたり、色のバリエーションで連動させたりしたイスが並ぶ。リートフェルトのイスのかたわらにはモンドリアンのリトグラフがあしらわれていたりと、「さすが西武」としか言いようのない出来栄えであった。

後に、この企画のことを覚えていてくれた同業や雑誌社の方々から「日本で初めてのイス展だ」とお褒めいただくことがあった。しかし褒められるべきは私ではなく、自部門の企画テーマを止めてまで協力してくれた各部長と、労を惜しまず動いてくれたスタッフたちである。訳の分からないアイデアでも、新しい挑戦という錦の御旗を掲げられれば本気で身を粉にして完成を目指すという企業文化が、当時の西武百貨店にはあった。

このイス展によってコトが起こされ、日本のインテリア業界に大きな変化が生じたかについては、贔屓目《ひいきめ》に見てもイエスとは言い切れない。しかしその後、西武百貨店インテリア部門のライフスタイル対応は明らかに広がりを見せ、導入されたインテリアコーディネーターたちは顧客の好みに合わせた空間を作り上げ、確実に売上を伸ばしていったのである。

［事例⑤］ I BUY ART

私が入社した75年に西武百貨店は百貨店として初の本格美術館をオープンさせた。私にとっては偶然のことであり、もちろん何の努力も協力もしていないのだが、何か誇らしい。今でも「パウル・クレー展を初めて観た」「ジャコメッティの痩せた彫刻に驚いた」「イブ・クライン展で買ったクラインブルーの砂を私も持っています」といった人々に出会う。私の企画でもないのに、「ありがとうございます」と深々と頭を下げてしまう。

西武美術館は、美術好きだった私にとっては現代美術の教科書であり学校だった。後にフランス展、イタリア展、英国展、スペイン展という海外催事を担当し、追い込まれたこともあり、歴史まで深く学ばせてもらった。その中で各国の美術品を目の当たりにして最も興味を持ったのは、ルネサンス絵画であった。レオナルド、ミケランジェロ、ラファエロという後にも先にもあり得ない天才たちの作品である。ただ、若干天邪鬼《あまのじゃく》な私は当時、フランドル絵画の影響も受けた同時代のヴェネツィア派の絵画にはまっていた。印象派の画家たちも手本にしたであろうティツィアーノ・ヴェチェッリオが最も好きで、世界の美術館を今でも回っている。

そんな美術好きの私の疑問は、本格的美術館で現代美術というコトを起こしていながらも、家庭の中に現代美術が浸透していないということだった。美術館と美術部の名誉のために言えば、現代美術の作品は多くの都内や地方の美術館に所蔵作品として買い上げられていた。また西武美術館に併設されていた前衛的なアート専門店「アール・ヴィヴァン」では、ブライアン・イーノやテリー・ライリーらのミニマル系の音楽を流しながら高額な写真集や画集等が売られていた。しかし店内は薄暗いため本の文字は見づらく、とても「お買い上げください」という雰囲気ではなかった。当時の西武美術館の関係者は内部から見ても近づきがたいオーラを発していたので、顧客にも排他性が感じられていたものと思われる。しかし、そこが良いというマニアックな方々も多かったので、マーケットは小さくても唯一無二の美術館だったことは事実である。

このような環境下にあり、イス展で若干の自信をつけていた私は、外部のアーティストやジャーナリストとともにある企画を思いついた。アートを自分で買う、しかもキャンバスに描かれた一点物の作品を買うという「I BUY ART」である。80年頃の西武百貨店で絵画が売られていなかったわけではない。横山大観、竹内栖鳳、川合玉堂、上村松園などの日本画、モネ、ルノワール、モディリアーニなどの洋画がとんでもない価格で売られていた。もう少し一般層に近づくと、リトグラフという石版を使ったプリント手法で仕上げられた作品群もあり、限定100~200枚だったから価値はあった。だが、複製であることには間違いなく、キャンバス等に描かれたタブロー（完成された絵画）のアウラはなかった。

ヴァルター・ベンヤミン（1892~1940年）に『複製技術時代の芸術』（1936年）という名著がある。本物のタブローが発する力をアウラとし、これが失われることの意味合いが論じられている。私はこの論の影響を強く受けていたので、一点物にこだわった。そこでI BUY ARTのコンセプトを「アウラのある現代美術を手頃な価格でご家庭に」とした。美術作品が高額なことは述べた通りだが、印象派の絵画でさえ、19世紀中頃には価値の保証されない現代美術だった。80年前後のアメリカでは、ニュー・ペインティングという現代美術が盛り上がり、ニューヨークのソーホー地区には今後大物になるかもしれない多くのアーティストたちがいた。そこに着目したのである。

私は企画概要の承認を受けて美術部に調達の協力を依頼した。しかし、価値の定まらない現代作家の開拓には美術部はまったく動いてくれなかった。ならば自分でやるしかない。それが当時の考え方だったが、池袋本店に所属していたため、本部営業企画部の承認がどうしても必要だった。この説得を買って出てくれたのが、同期の内田雅巳（後のロフト社長）である。この男の企画力は凄まじく、しばしば私は遅れをとっていた。何とそんな私の企画の承認を得るために、彼は上司からの批判とも言える指導を、昼夜含めて8時間以上受けてくれた。彼の努力と忍耐によって作品を買い付けるためのアメリカ出張を勝ち取ることができた。持つべき者は同期であると痛感した次第である。

買い付け予算を持ち、私はニューヨークに飛んだ。ソーホーは活気に溢れ、若いアーティストから多くの作品を手頃な価格で仕入れ、日本に持ち帰った。美術部とは決裂しているので、展開はインテリアフロアで行った。もともと現代美術を気軽に楽しむというコンセプトだったので、インテリアフロアは最適の場所だった。作品を額に入れるのではなくアクリル板で挟むという、それまでにはなかった展示方法を採った。これも受けて、なかなかの盛り上がりになったのである。

一週一企画

それからしばらくして、私は企画の中心から外れた。人事異動にはいろいろな要素があるので理由は定かではない。しかし上昇感のある再配置ではないことは明らかで、若干の被害者意識を含めると「外された」と言ったほうが正しいだろう。予算管理セクションの課長という位置づけであった。上司の部長は人格者だったが、突然預かることになった私に困惑したのだと思う。経理も財務も向かない私に何をさせるべきか。そのときは店舗改装が迫っていたこともあって、店舗施設を活性化する企画の作成を依頼された。一人でさせるのは不憫《ふびん》と思ったのか、レストランサービス部から一人のスタッフがつけられた。そして机を二つ置くとそれだけで一杯になる一室があてがわれたのだった。一緒になった稲田賢一は明るくてユニークで、少しテンションの下がった私をハンカチから鳩を出したりして元気づけてくれた。

当時の社内では〝一週一話題〟という言葉が流行っていた。世の中の動きに敏感になりなさいという西武百貨店らしいメッセージで、広く社内に受け入れられていた。その言葉にあやかって、企画マンを標榜しながら企画セクションから離れていた私は、人格者の上司に〝一週一企画〟を作ると宣言したのだ。カッコよく言えば有言実行的スローガンだが、左遷されたことに対する抗《あらが》いと言ったほうが正しかった。

宣言はしたものの、一週間で一つのユニークな企画を作り出すのはなかなか大変なことだった。店舗施設の活性化がテーマだったので、当時流行の兆しがあったスケートボードのランページを作るとか、人工スキー場を作るとか、様々な企画を冷や汗をかきながら毎週提出した。毎日二人で話しているうちに、ユニークな稲田は行動消費、そしてコトを起こしてモノを売るという私のノウハウを完全にマスターした。そしてある日のこと、稲田は私に新しいレストランのスタイルを提案したのだ。周りのレストランから好きな食材をチョイスして中央のテーブルで食べる、というものであった。今では目にすることが多くなったクルージングレストランだが、当時はまだ見たこともないスタイルだった。私は稲田の成長ぶりに度肝を抜かれたのである。

その後、私は企画に復活し、ユニークな稲田は貴重な人材であったためレストランサービスに戻っていった。しかし、彼は企画作りの習慣から逃れられず、その後、自ら企画したビジネスモデルで独立することになった。そのビジネスは世の中に受け入れられる大きなモデルとなり、彼は現在も異才を放っている。

行動消費、コトを起こしてモノを売るというテーマで論じてきた。それは世の中にないモノをイベントや売場作りなどによってインパクト強くマーケットに問いかけていく行為である。だが、初めてのことは当然、前例がなく、成功の可能性は低い。それでも誰かがやらなければ、何も始まらない。その使命感がどこから訪れたのかは何とも説明のつきにくいところではあるが、当時の西武百貨店には間違いなく存在した。何かを立ち上げると、トップも含めて一段落する、そしてまた次の立ち上げに向かうのが常であった。ビジネス的には成功まではいかず、他の企業が成功の果実を持っていくことも日常的にあったが、皆、気にしなかった。しかし、企業経営としてはあり得ないことであり、利益の出ない企業の苦しみを後にわれわれは嫌と言うほど味わうことになった。

ただ、資本はばらばらではあるが、セゾングループの多くの会社が今も残っているということは、〝立ち上げ屋〟とも言える試行錯誤が結果として時代を捉え、将来にも通用する事業を確立したということである。各事業を支える地道な仕事をしっかりとこなしていった、労を惜しまない多くの現場の人々がいたことも忘れてはならない。

コンテクスト・マーケティング

経糸×緯糸＝文脈

少しややこしい説明になってしまいそうだが、なぜ〝コンテクスト〟なのかを理解していただくために少々お付き合いいいただきたい。

context の〝con〟は英語にはよくある接頭語で、語源はラテン語の〝cum〟で「共に」を意味する。connection（結び合わせ）や cooperation（協力）などは分かりやすい使い方である。後に続く語を単に強化する使い方も多々見られる。重要なのは〝text〟で、一般的には文章、本文、教科書という意味だが、語源はラテン語で「織物」を表す。英語で texture と言えば、本来の意味の織物、生地、組織となる。

一方、〝コンストラクト（construct）〟という言葉がある。これは、構成、構築、作成物という意味である。〝con〟は右記と同意だが、〝struct〟はラテン語で〝積み上げる〟ことを意味する。つまり、硬くしっかりとした構造物がコンストラクトで、経緯《たてよこ》（縦横）の糸で織りなされた柔らかい組織がコンテクストなのである。日本ではコンテクストに〝文脈〟という訳が与えられた。私は実に名訳だと感じている。経と緯の糸で織られた柔軟な組織、その織りなされたつながりを文脈と捉えたことが素晴らしい。

では、私が提唱するコンテクスト・マーケティングとは何か。一般にマーケティングと言うと、商品をマーケットに売り込んでいくべく、市場調査に始まり、製造、販売、宣伝などの工程を実行することを指す。しかしこの考え方だと、現在あるトレンドに引っ張られるような気がしてならない。今の流行からマーケティングを始めると、どうしても後追いになってしまうからだ。また、「マーケットが求めるから」とか「ニーズに対応して」とよく言われるが、「マーケットは現在ないものは求めない」ということをよく理解しないといけないと思う。もちろん潜在ニーズとしては、皆が何かに困っているからこの商品を求めるということはある。しかし、困っていることが共通認識とされた瞬間から、それへの対応には同質化が付いて回るのである。

私はセゾングループの中でも、そしてセブン&アイ・ホールディングスの中でも、「人

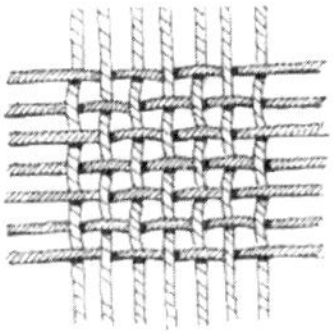
・経糸（縦糸）…生まれ育ち、環境、学歴　属性
・緯糸（横糸）…好きなこと、作品、友人　経験

コンテクスト・マーケティングの概念

真似をするな」と言われてきた。他と同じベースで物事を考えたら、若干の時差はあっても同じ発想が出てきてしまう。結果的に真似をしたのと同じことになるのだ。そこで私は、セゾンの中で繰り返し指導されてきたことに立ち返るようにしている。堤清二は常に「歴史をベースに物事を捉えよ」と、われわれに言い続けた。ただ、堤が言うところの歴史とは、単なる学校で習う世界史や日本史とは異なる。もっと深く広い。例えばヨーロッパの物事に対峙するときには、戦争や政変などの歴史に加え、社会史や哲学史、美術史、宗教史、医学史など数々の歴史が必要になってくる。全てを網羅することは難しいが、しかしいろいろ学べば歴史観は身についてくる。これが重要なのだ。

私がコンテクストと言うときには、この歴史観を経糸（以下、縦糸）と位置づけている。緯糸（同、横糸）は、その時々のニーズであったり、トレンドであったりする。この縦糸と横糸で紡いだ織物の柔らかい組織が、企画の下敷きとなる。重要なのは縦糸である。これがしっかりすると、横糸をなす一般化したニーズに引きずり回されない。そして縦糸と横糸で織りなされた織物状の組織の上に、初めて未来が見え隠れする。この柔軟な織物状のフォーマットこそ、日本語で言うところの〝文脈〟という言葉が相応しい。この単なるトレンドに引っ張られないマーケティング手法を私はコンテクスト・マーケティングと呼んでいる。

コンテクストとキーワード

最近の事例から縦糸・横糸の捉え方を示してみたい。

ある依頼が知り合いから飛び込んできた。米国ハワイ出身でグラミー賞も受賞した男性ミュージシャン、ブルーノ・マーズのマーチャンダイジングを手伝ってほしいということだった。私は百貨店ではいろいろな商品開発をしてきたが、音楽業界には明るくない。ただ、そのミュージシャンが醸し出す音楽は、私の大好きな1970年代、80年代のソウルミュージックを彷彿とさせるものであったため、しばしば聴いていた。仕事の全体像も把握しないまま、私は二つ返事でその依頼を受けたのである。

ブルーノのワールドツアーが翌年始まり、日本での公演は10カ月後に予定されていた。会社としては部分的な権利関係しか契約を結んでいないため、来日の際には好感を持ってもらい、商品化も含めた契約の深化を果たしたいというのが主旨だった。まずは、会社からは数人のスタッフと一人のマネージャーがアサインされた。私はアドバイザーという立場での参加となったが、時間的にも体力的にも商品化まで含めると少々荷が重かったので一人の仲間に応援を依頼した。このとき、すでにコンテクスト・マーケティングのイメージが浮かんでいたので、これを理解し、他のスタッフを動かしてくれる人間がどうしても必要だったのだ。

参加してもらった仲間は、西武百貨店で販売計画をやってきた後輩で、私のやり方を十分に理解していた。ただ、西武百貨店を辞めてベンチャー企業を立ち上げていたので、忙しい中での参加であった。かなりの無理強いだったことを反省しているが、持つべきものは頼れる後輩である。

まずは音楽業界のメンバーにマーケティングの基本を理解してもらうため、セミナーを実施した。以前に早稲田大学商学学術院教授・同大学常任理事の恩藏直人先生からいただいた授業枠でゲストスピーカーとして行った講義を若干アレンジした内容で、2回に分けて行った。メンバーが優秀だったこともあり、机上ではマーケティングの主旨に理解を得ることができた。

コンテクスト・マーケティングで最も重要なのは歴史観である。ブルーノ・マーズの生い立ちに始まる全ての情報を集めることからスタッフワークは始まった。コンテクスト・マーケティングで人物を扱う場合、縦糸もいわゆる属性データだけでは駄目で、それまでの人生でどんな事柄にどう反応したかなどの〝動き〟の情報、つまりスタティックな情報ではなく、ダイナミックな情報が重要になる。米国スタッフも加わり、生まれた場所、経済環境、家族関係、教育、幼い頃の生活習慣、交友関係、音楽との出会い、技術の習得プロセス、良いエピソード、悪いエピソード等々、一般情報よりかなり深いデータを集めることができた。これをもとに私は、後輩とともに縦糸を整理した。

次は横糸である。成長の折々で何を好み、何に感動したか。ミュージシャンなので参加したセッションやCDタイトルなど断片的な事柄を多数集めた。この段階で私と後輩は、ブルーノ・マーズというキャラクターの設定を行った。試行錯誤の結果、着地したのが「人懐っこくて多才、切れの良い動きは官能的」というフレーズである。このフレーズが、イベントなり商品開発なりを進める様々な場面で出てきた物事が相応しいかどうかを判断する基準になる。

さらにわれわれは企画の推進に向けてキーワードの作成に入った。キーワードは、商品開発であればコンセプトを決める際の大きな要素であり、企画が進めばデザインテイストを絞り込むときにも手がかりとなり、素材や色などの決定因子にもなる。普通は3〜5項目あるが、このときは絞り込めず6項目となった。①クリエイティブ（創造性）、②ポップ（大衆性）、③R&B（歴史性）、④グリッター（豪奢性）、⑤ネイバーフッド（親和性）、⑥セクシー（官能性）である。これらのワードをスタッフ会議で公開し、メンバーそれぞれのワークが始まった。

仕事を詰め始めたときに、ミュージシャン側からリクエストが飛び出した。こういうときの要望はしっかりと受け止めるのが得策である。その要望とは、自分が経営に参画している洋酒ブランドを日本で広めてほしいというものであった。さっそく調べると、なかなかしっかりとした背景を持つ洋酒ブランドで、日本ではまだ紹介されていないことが判明した。スタッフがこのブランドの輸入会社を見つけ、交渉に入った。しかし単に小売店にルートを作り販売を始めましたということだけでは、マーケターとしての名折れになる。コンテクスト・マーケティングに立ち返り、何が重要かを検証した。

しばらく考えて、ある結論に達した。お酒を売るのではなく、このミュージシャンのライフスタイルを売ろう。「人懐っこくて多才、切れの良い動きは官能的」な飲み方、楽しみ方を押し出そう。お酒を飲む場としては、おしゃれで新しい飲み方を提案するバーを作ろう。そう決め、企画は動き出した。既存のバーではおもしろくない、人の集まる場所でインスタ映えするシーンを作ろう。後輩はいろいろ動き、銀座ロフトのイベントスペースにバーを仮設するという企画を作り上げ、交渉を進めた。

結果、クリエイティブでポップなバーカウンターが出現した。R&Bの心地良い音楽と人気のバーテンダーによるネイバーフッド感覚のおもてなし、さらにグリッターな背景にマスキングテープでブルーノがセクシーに踊るシルエットが映し出されるという趣向。このライブパフォーマンスの効果もあり、2週間のイベントは大盛り上がりとなった。インスタグラムによる拡散も手伝って動員はうなぎ登りで増え、そっくりさんまで飛び入りし、毎日がパーティー状態となったのである。カクテル好きな一般女性が考案したオリジナルカクテルもヒットし、輸入したお酒も完売。大成功であった。

コトを起こしてモノを売るという教科書通りのマーケティングとなった。それだけでなくさらに拡大し、その後のコンサートの会場でもオリジナルカクテルには長蛇の列ができ、ブルーノが参画する洋酒ブランドは日本での位置づけを確保した。来日に合わせて後輩は六本木の商店街と組み、街を挙げたバーイベントも実施した。この街への広がりを生む企画は極めてセゾン的である。ミュージシャン側からは大絶賛のコメントが届いた。

気に入ってもらえたのはよいのだが、もう一つの目的である商品開発を進めなくてはならない。私は改めてキャラクターとキーワードに立ち返った。縦糸は、音楽に対する真摯な向き合い方、そして正当な技術の学習。横糸は、仲間とのカジュアルな付き合いを大切にする態度である。この縦糸と横糸からコンテクストとして浮き彫りになったイメージは、「本物」「カジュアル」「豪奢」が紡がれたモノだった。

では、どんなアイテムにするか。写真などもいろいろ見ながら頭に浮かんできたのが、リュックだった。コンサート会場への移動などの際はスタッフが荷物を持つのだろうが、身の回りのモノを入れる小さめで軽いリュックであれば肩に掛けそうだと思ったのだ。豪奢を表現するには……素材はクロコダイルが似合う。カラーはブラック、そしてゴールドのチェーンがギラリと光る。頭の中でイメージが固まった。

エキゾチックレザーを扱う素晴らしいセンスを備えた技術者の顔が、私の頭に浮かんだ。その技術者の工房は神戸にあり、アーティストと呼んだほうが相応しいほどの素晴らしい商品を作り、リーズナブルな価格で提供している。後輩に動いてもらって物作りは始まり、しばらくして商品が出来上がってきた。日本の技が詰まった小ぶりのリュックは豪奢なカジュアルさを振りまいていた。

ブルーノ本人にも非常に気に入ってもらえたとまでは聞いたが、商品化についてのオファーはまだ来ていないようだ。こういうときに、私は物語を勝手に作り上げるのが好きだ。リュックをとても気に入ったミュージシャンは、世界に一つのそれを他の誰かが持つことを嫌がり、自分だけの宝物として大事に末永く使ったとさ……と。

このようなコンテクスト・マーケティングの技法は、一朝一夕に身についたものではない。西武百貨店の企画セクションで試行錯誤の末に形作られたものである。いくつかの歴史的事例から、構築されてきたプロセスを振り返ってみたい。

【事例①】イタリア展

コンテクスト・マーケティングのルーツをたどってみたい。西武百貨店池袋本店で企画スタッフをしていた1985年に、海外催事を担当した。テーマは「イタリア展」。パスタや瓶詰めソースが並んでいるという情景がすぐに浮かぶと思う。たかが海外食材販売会ではないかと一刀両断しないでいただきたい。セゾンのマーケティングでは、これがそう簡単なことではないのだ。

企画書の作成からして大変なのである。イタリアという国を扱うとすると、その中で地域なり生活シーンなりを絞り込み、企画テーマを決めなければならない。ここまではどこでもやっている仕事の手順だが、当時の西武百貨店でここをサラッとこなすと、とんでもないことになった。テーマを出した途端に、上司からは「そのテーマの社会的与件は？西武流通グループ内でのポジショニングは？　事業化のシーズ（芽）は？　そもそもコンセプトは？　もちろん地域の歴史は調べたのだろうな」と畳みかけられるのである。この上司が変わっているわけでも、理屈っぽいわけでもない。それは必然なのだ。質問に答えられないと、堤清二をクリアできないからである。

もちろん、全ての催事企画を堤に提案することはなかった。とはいえ、本を買いがてらフラッと売場を訪れた堤が、イタリア展という店内告知を見たら最後、戦いの火蓋は切られるのである。堤は紳士服バーゲンや婦人服バーゲンなどについては、催事場の告知を見たとしても、賑わっていようがなかろうが立ち寄ることはまずない。しかし、海外催事は特別だった。他の百貨店が気軽にやっていることを何度恨めしく思ったことか。そんな身の引き締まる役割に私は指名されたのだ。

さて、企画テーマである。その頃、企画を担当するとなると、誰でもまずは本を読むのが決まりのようになっていた。私は図書館に行き、イタリアの歴史、面積、人口、産業等を調べ上げた。コンテクストの縦糸作りのスタートだ。このとき初めて、イタリアが1861年に統一されたことを知った。それまではヴェネツィア、ジェノバ、ナポリなど、それぞれが独立したバラバラな状態であったと知り、「地方ごとのテーマもありだな」と考えたりした。そうやって、しっかり時間をかけて資料編を作るのだが、このあたりの資料調べは読書とは呼ばない。映画や音楽も重要な基礎情報である。役者はマルチェロ・マストロヤンニやソフィア・ローレン、映画は「甘い生活」や「ひまわり」、監督もフェリーニからビスコンティ……もちろん、生活まわりも食からファッションまで網羅する。ただ、満遍なく調べてみても、企画テーマは出てこないものなのだ。自分の感覚なり好みなりに何が引っかかったかが重要なのである。

私が気になったのは、地方の生活文化をどう捉えるかであった。国家統一が遅かったということは、各地域に個性があり、独自性を主張していたに違いない。まず興味を持ったのは、ナポリである。紀元前6世紀、古代ギリシャ人によって「ネアポリス（新しい都市国家）」と名づけられたこの地は、現在はローマ、ミラノに次ぐ3番目の都市である。ヴェスビオ火山と真っ青な海に挟まれた風光明媚なこの地は、人々に「ナポリを見てから死ね」と言わしめる。残念ながら日本で人気のナポリタンは食べられないが、発祥の地ならではのモチモチのピザ、そしてモッツァレラチーズ……おっと、この流れでは観光案内になってしまう。

やはり、最も個性的なのはヴェネツィアであろう。何しろバスもなければタクシーもない、車で乗り入れることのできない水上都市なのである。果たしてどんな発展の仕方をしたのだろうか。アドリア海に面した100を超える島からなるこの水上都市は、柔らかい地盤に木の杭《くい》を打ち込むことで拡張発展してきた。中世ヨーロッパでは、代表的な観光地であったに違いない。当時、文化的にも進んでいたイタリア地方は学習の場としても重要で、17世紀頃には遅れていた英国も含め「グランドツアー」という見学ツアーが頻繁に組まれていた。そして旅の終わりにはヴェネツィアで、当時珍しかった風景画を買っていった。このクダリに至ると、私の感性にピクッと引っかかりができた。この当時の絵画は？都市のありようは？……。

もう一つの重要な都市は、フィレンツェである。こちらはぐるりと城壁に囲まれた要塞のような都市だが、サンタマリア・デル・フィオーレという大聖堂をはじめ、美しい建造物が溢れ、街全体が美術館のようだとよく言われる。街を巡るとあちこちで、薬の粒をあしらったメディチ家の紋章に出くわす。メディチ家はどのようにこの街を発展させたのか、そのキーワードは何か。また街のあちこちにある井戸の跡は何を示すのか。これらの引っかかりを踏まえ、私の読書は始まった。縦糸の掘り下げは読書に限るのである。

まずは、イタリア在住の作家塩野七生の何冊かを読んだ。その中でも『わが友マキアヴェッリ』を読んで、マキアヴェッリが権謀術数を操る嫌なやつというイメージから、国を憂う真面目な人という新しい見方に置き換えられた。しかし、そのことよりも惹き込まれたのは、弱いフィレンツェはミケランジェロという偉大な芸術家まで戦いに巻き込んでいったというクダリである。当時の芸術家のポジションは？　ルネサンスとは何だったのか？……読書はさらに深まっていった。

このように読み進んできて、私の中にある変化が起こった。堤清二がよく言っていた「原書を読め」という言葉に突き動かされたのだ。イタリア語はもちろん、英書でさえ簡単に読み進めない私としては、少なくともルーツと言える翻訳本を読もうと考えた。イタリアに関して、どうしても理解を深めなければいけないのはルネサンスである。この言葉の認知を深めたスイスの歴史学者ヤーコプ・ブルクハルトから読書を始めた。

他にもいろいろな書籍を読み進め、ルネサンスは１４００年代に入ってメディチ家のパトロナイズによって活性化したこと、思想的にはプラトンの古典哲学を新たに解釈したネオプラトニズムが背景にあること、それ以前の中世では絵画にしても彫刻にしても職人の名前は出なかったが、作品への署名が一般化し、レオナルド、ミケランジェロ、ラファエロというビッグネームが生まれたことなどを学んだ。

ここに至って、もともと好きであった美術にのめり込んでいくこととなった。フィレンツェ中心のルネサンスだけでは捉えきれない、もう一つの流れであるヴェネツィア派も押さえたくなったのである。

浅い知識や偏《かたよ》った理解は簡単に捻《ひね》られてしまう、特に縦糸になる歴史的視点はしっかり押さえていないと命取りになるという強迫観念から、この追求は留まるところを知らなかった。やっと納得がいったのは、ミケランジェロの弟子で多くの絵画作品を残しているジョルジョ・ヴァザーリの名著『美術家列伝』を読破したときだった。レオナルド、ミケランジェロ、ラファエロと同時代を生きたヴァザーリは、ジャーナリストさながらの取材力で芸術家たちの行動を克明に書き残している。後に分かるのだが、この時代のアートの動きを研究する美術評論家のほとんどが、ヴァザーリの著作からの引用で芸術家たちを語っている。素直ではない私は、師のミケランジェロにページを割きすぎではないか、個人的に好きなレオナルドに対する評価や、この後に傾倒するヴェネツィア派の代表画家ティツィアーノに対するコメントが薄いなど、不満を漏らすまでに至った。

しかし、すっかり頭でっかちになった私は、情報過多に陥ってイタリア展のテーマを決めきれず、混迷のままイタリアに飛ぶことになった。西武百貨店の素晴らしいところは、出張費をケチらないことだった。販売促進では、真っ青な空を撮るためだけに一週間もハワイにいたといったことはよくある話。それに比べれば、企画を作り出すわれわれ販売計画部隊は、〝情報開発〟という大儀のもとの出張なので、意味合いは深い。とはいえ、他部門と似たり寄ったりのゆるさを伴っていたのは否めない事実だった。ただ、海外での経験を含む〝自由研究〟の風土が、多くの人材を育て、セゾンから巣立っていろいろなシーンで活躍する人材を輩出したのである。

イタリア各地を歩き回って、まず感じたのはイタリア人の〝広場好き〟である。老若男女を問わず人々は広場に集まり、会話を楽しむ。広場はイタリア語でピアッツァと言い、井戸端会議に使われる小さな広場をカンポと言う。シエナにある観光名所の広場は大きいのにカンポという名称が付いているが、基本的には水汲みに集まる人々のコミュニケーションの場であった。イタリア人の多くは人懐っこい。私が一人でリストランテに入ろうものなら、アンティパストを一緒に決めようということに始まり、一皿ごとに楽しい説明があり、とにかく楽しませようと気遣ってくれる。この人間好き体質は、強い地元愛を生み出す。同じ井戸を使った人は日本語で言うところの同じ釜の飯だし、同じ教会の鐘の音を聞いた人たちはカンパニズム（カンパーナ＝鐘）という固い契《ちぎ》りで結ばれる。

もっと強い絆が母子のつながりである。宗教画でよく見る聖母子は、ラファエロの作品も多数あるのでご覧になった人も多いと思う。聖母マリアが裸の赤ちゃんのイエスを抱いている絵である。これが描かれ始めたのは、ルネサンスの時代である。黒死病（ペスト）がヨーロッパで大流行し、人口が3分の1も減ったとされる中、「メメントモリ（死を忘れるな）」がイタリアでも合言葉になっていた。

この死と背中合わせの現実は多くの画家に影響を与え、絵画の片隅に髑髏《どくろ》が描かれたりした。一方、癒しの象徴としてのマリア信仰が強まってきたのも、この頃のことである。それまでは、金色の背景に描かれたイエスが信仰の図像であったのに対し、マリアがイエスを優しく抱きかかえる姿が求められたのである。

ただ、イタリアでこれらが描かれるようになった背景には、シチリアの母に代表される肝っ玉母さん的母親愛がもともと強かったことがある。日本にもある母親の味はイタリアではさらに強く、日本の倍は時間をかけるであろう食事の支度の中でも、パスタの形とソースはその家ならではのものが必ずある。私が訪ねたトスカーナ地方の一般家庭にも、四畳半はあろうと思われる食材倉庫が台所の隣りにあり、たくさんの引き出しには見たこともないパスタが貯蔵されていた。パスタとソースはワインと並んでイタリア展の主力販売商品だったこともあり、私の頭にテーマが浮かんできた――〃マンマミーア〃である。

マンマミーアは日本語で言えば「ああ、おっかさん」「オレのお母ちゃん」という意味で、「なんてこった」という意味にも展開して使われる。英語の「オーマイゴッド」と同じような使われ方だ。つまり、イタリアでは母は神なのである。今、マンマミーアと言うとミュージカルの名作を思い浮かべる人が多いと思うが、この日本初演は2008年で、私がイタリア展を担当したのはさらにその約20年前であることを念のため付け加えておきたい。しかし帰国後、企画テーマは「チャオ・イタリア」という本部提示のものに決まってしまった。私が遠回りしながら考え出した企画テーマはあえなくお蔵入りとなった。しかしコンテクスト・マーケティングという視点では、しっかりとした縦糸の構築ができたと思っている。

一方、横糸の構築にはあまり手がかからなかった。ジャンフランコフェレ、ジョルジオアルマーニ、ミッソーニなどファッションブランドのその年のコレクションからミラノで流行のスパゲッテリアまで、流行については現地駐在部を含め当時の西武百貨店には得意な人が大勢いたため、容易に情報を手に入れることができた。かくしてイタリア展のコンテクスト・マーケティングが完成したのである。

このマーケティングフォーマットに沿って準備が進められ、イタリア展が開催となったのは86年のこと。ゴンドラにカンツォーネ、そしてコメディアデラルテ（仮面劇）という文化催事で盛り上がり、仮面をモチーフにした田中一光氏のデザインによるポスターも称賛された。一方、当初から気にかかっていた地方ごとの歴史についてて

イタリア展「チャオ・イタリア」。
デザインは田中一光氏

は、城壁の中で繁栄したフィレンツェと埋め立てにより増殖したヴェネツィアという、最も違う発展形態を持つ二大都市に焦点を絞り、木の古板に地図を描いて対比するという展示手法を採った。地図の借用にもいろいろと障壁があり、その一つひとつをクリアして仕上げた展覧会だった。しかしマニアックすぎて、ほとんど来場者がなかった。深く調べればよいというものではないと学習する良い機会になった。

結果として会社に貢献できたとは言い難かったが、この企画を通じて多くのことを学ぶことができ、後に何らかの貢献をした……と思いたい。少なくとも、今に至る美術という趣味を続けるきっかけになったイタリア展には心から感謝している。

[事例②] 野菜大研究

池袋本店7階の催事場を使った「野菜大研究」という食品を扱う企画が1983年にあった。コンテクスト・マーケティングの形成に大きく寄与した出来事なので紹介したい。その前に、ぜひとも理解していただきたい考え方があるので述べておく。

80年代初頭のこと。イタリア展の項でも述べたように、他社では企画できないような深みのある内容が求められていた時代で、紳士服バーゲンや婦人服処分市のような当たり前の企画には西武百貨店の誰もウエイトを置いていなかった。〝下駄履き百貨店〟からモダンで高級そうに見える百貨店へと変身し、売上高もどんどん伸びていた頃で、各商品領域別のバーゲンにも多くの工夫がなされ、好評企画が連打されていた。最も売上が取れたのはファッションで、次いで利益率は低いものの人気があったのは北海道を筆頭とする日本各地の物産展だった。古本市や骨董市といった雑貨の催事も、一部の人たちからは高く評価されていた。

雑貨という領域は、実は西武百貨店の得意領域であった。雑貨という言葉のもともとの意味を考えていただきたい。〝雑〟とは、やり方が大ざっぱなこととやいろいろなものが交じり合っていることを表し、商品領域としては伝統的な百貨店ではあまり重視されていなかった。したがって、婦人の領域で言えば、婦人服が主流であって、ハンドバッグやスカーフ・ハンカチのようなものは分類外とされる。〝雑〟であるこれら商品群は十把一絡《じっぱひとから》げにされて「婦人雑貨」と呼ばれる。紳士服についても同様で、ネクタイ・靴下・財布などは「紳士用品雑貨」と称せられる。不思議なもので、どの商品領域でも婦人雑貨よりは婦人服、紳士用品雑貨よりは紳士服を担当する人のほうがちょっと偉そうなのだった。私はこれらよりも下層部族のスポーツ領域に属していた。長い歴史を持つ百貨店には、それなりに積み上げられたカースト制のようなものがあったのである。私は〝分類主義的ヒエラルキー〟と呼んでばかにしていたが、この分類主義は売場作りという意味では意外と重要でもあった。分類できないものが出てくるたびに、〝雑〟という箱の中に放り込んできた歴史があるのではないだろうか。

この〝雑〟を軽く扱わず、しっかりと捉えたのが西武百貨店である。大改装があった75年の9期には「趣味の街」という売場ができ、趣味雑貨の部門として展開されていた。この年には「アトリエヌーボー」という、ユーモラスなアートグッズを扱うギャラリーなどを運営する文化雑貨部門も新設された。生活の中のデザインを雑貨という視点で広げていこうという、西武百貨店ならではの部門であった。この部門は後にロフトを立ち上げる基礎になり、無印良品を生み出すヒントにもなったと私は考えている。

〝雑〟領域の大動員催事に「パッチワークキルト展」があった。QUILT（キルト）とはラテン語で「物の詰まった袋」を意味し、暖をとるために生まれたものとされている。様々なキルト地をパッチワーク（はぎ合わせ）して、色合いや柄のおもしろさを楽しむのがパッチワークキルトである。このヨーロッパ発の手芸品は、75年に資生堂の主催でキルト研究家ジョナサン・ホルスタインのコレクションが公開され、日本に広まったと言われている。パッチワークキルト展も同年の開催だから、比較的早くからキルトの提案に取り組んでいたのだ。〝雑〟に目のない西武百貨店の真骨頂であろう。

ここで触れておきたいのは、全てのお客様が喜ぶ催事とそうではない催事があるということである。シャワー効果という店舗活性策がある。催事によって上層階に呼び込まれたお客様が、インテリアからファッションへ、そして食品へと降りながら買い物をしていくことによる売上効果のことを言う。逆に、地下の食品でお客様を集め、上層階へと還流させることを噴水効果と呼んだりする。パッチワークキルト展は前者のシャワー効果が抜群だった。この展覧会に集まるのは、子育てを完了した趣味の良いご婦人たちだったからだ。催事場でパッチワークキルトの商品を購入するのはもちろんのこと、インテリア売場でラグや吸水性の高い高級タオルを買ったり、婦人服売場で季節のドレスを買ったりして、最後にデパ地下の買い物を楽しんでいかれるのである。ちなみに私はスポーツ部門時代にこのような効果を狙って、「プロ野球展」を開催したことがあった。しかし、全館売上に貢献できず、回を重ねることはなかった。渋い中年男性を会場に集めたのだが、ご婦人たちとは違って買い回りをしなかったのである。

では、食品のことに話を戻そう。食品は人間の欲望の中の重要な要素であることから、日本の百貨店では主力商品とされてきた。だが、もともと瓶缶類や中元・歳暮などの箱物が多かったせいか、婦人・紳士のような分類学的差別は存在しない。おおらかに全ての食べ物を受け入れていたのである。しかし、そんな食品にも化学的革新が迫ってきていた。水耕栽培である。70年の大阪万博で展示されて話題になり、80年代に入って食糧問題が取りざたされると供給量が徐々に増え、百貨店の店頭にも並び始めていた。今、この変化を捉えなければと、エネルギーが湧き上がってきたのである。それが「野菜大研究」なる催事開発のきっかけだった。

企画開発の重要なツールとしたのが、コンテクスト・マーケティングである。このときの縦糸は、水耕栽培に至る歴史であった。その頃は地球規模での人口増による食糧不足が予測され、これを補う施策の一つとして水耕栽培が注目されていた。水耕栽培の歴史は意外にも古く19世紀半ば頃のこと、ドイツの植物生理学者ユリウス・フォン・ザックス（1832～97年）が初めて実証実験を行った。その結果として、水の中で植物が育つためには、リン、窒素、カリウムが必要であることが解明された。実際に水耕栽培工場ができたのは第2次世界大戦中のアメリカで、戦後日本にもたらされた。

催事開発に当たっては、日本で最も進んでいた水耕栽培の会社と組んだ。会場の入り口には、最先端技術が駆使された同社の水耕栽培セットを展示した。試験管やフラスコのようなものが連結されたセットの中に青々とした野菜が生い茂る様子は人目を引き、大動員とは言えないまでも、顧客を会場に引き入れる効果を十分に果たしていた。

催事場に入ると水耕栽培で作られたトマトが売られていて、その後方には日本各地から取り寄せた瑞々しい新鮮野菜が堆《うずたか》く積まれていた。さらに進むと仮説のレストランがあり、新鮮野菜を使った料理を食べることができた。当時流行し始めていたヌーベルキュイジーヌという、文字通り新しいフランス料理である。今ではよくある料理スタイルだが、当時のフランス料理と言えば、濃厚なソースが絡まった肉や野菜と相場は決まっていた。そんな中で西武百貨店は、素材の味をそのまま生かす調理法を採用している南仏ロジェベルジエなどのシェフとの契約を進行させていた。しかしこの催事には間に合わず、その後有名になる日本のシェフたちによって新鮮野菜を生かしたフランス料理を提供した。さらに催事場の最奥では、都会のマンションライフとして流行り始めていたベランダでの家庭菜園に対応するプランターや肥料の販売も行った。

担当者たちは夜更けまでレイアウト移動などの作業に追われ、開催にこぎ着けた催事だった。しかし、この一見良くできた新規催事を担当した食品部長は、堤清二からこっぴどく叱責を受けることになった。普通の会社なら売上が悪かったからかと考えるところだが、そんな話ではなかった。詳細は闇の中なのだが、どうも〝大研究〟という言葉がいけなかったようなのだ。羊頭狗肉《ようとうくにく》を嫌がる企業風土は西武スポーツ館の項でも述べたが、この程度で大研究とは何事かという怒りだったとされている。

本来は横糸にすべき水耕栽培を、少しの掘り下げで縦糸として捉えてしまったのだ。縦糸にすべきなのは、人類の長い飢餓期から始まる歴史であり、そこから現在に至る人類と食物との関わりであった。狩猟から農耕へとシフトする中で発生した集落としての社会性、食への感謝、そして戦い……人類は食と深く関わってきた。その縦糸を無視して、トレンドであった水耕栽培に飛びついたのが大怪我のもとだった。そこに大研究とまで付けてしまったのである。

〝研究〟というキーワードで西武百貨店の歴史をひも解いていくと、72年の環境分析センターまで遡《さかのぼ》る。西武流通グループにあった西武化学工業によって設立された研究所で、これが基盤となって73年に商品科学研究所が西武百貨店と西友ストアーの出資により設立されている。中立的で公正なテストを行い、消費者の声をメーカーに伝え、商品作りに反映させることを目的としていた。

この研究所の出店《でみせ》が池袋本店にあり、衣料を扱っていた私たちのような人間にとっては厳しい役人のいる関所のような機関だった。衣料には洗濯時の色落ちが付きものだが、このクレームが入ると売場の責任者は色落ちした商品と新品を持って、商品科学研究所の出店に出頭しなければならない。洗濯状況など顧客からの情報が得られていないと、こっぴどく絞られる。そして染色堅ろう度（色落ち基準）など商品の状態が調べられる。基準に達していないと、全ての商品が店頭から下げられるのである。このような研究所が他の百貨店にはまだなかったため、取引先への返品を含む対応に大きな手間がかかった。ただ、この顧客に対する姿勢は徐々に評価され、日本一の売上の一端を支えることになった。

西武百貨店にはもう一つの研究所があった。流通産業研究所である。環境分析センターよりも歴史は古く、69年に設立された。堤が師事していた上智大学教授の高宮晋氏が理事長を務め、理事には堤清二、西友の上野光平、東京電力社長の木川田一隆氏、三菱銀行頭取の田実渉氏、ダイエー社長の中内功氏を迎え、スタートした（役職はいずれも当時）。佐藤肇所長のもと、調査員9名を擁した組織であった。運営経費は、外部の企業から一般会員を募り、その会費によって賄《まかな》われた。機関誌『ＲＩＲＩ流通産業』を隔月で発行し、国内外の流通問題に関する論文、文献紹介、座談会などを掲載した。

私はずいぶん後に小山周三氏（1940年〜、早稲田大学法学部卒）が所長を務めた時代の流通産業研究所が大好きで、しばしば研究会などに参加させていただいた。この組織がなければ、ここまで消費理論に傾注することはなかったと思う。労働経済学の専門家で後に慶応義塾長を務めた清家篤氏（1954年〜、慶応義塾大学経済学部卒）や社会学者の上野千鶴子氏（1948年〜、京都大学文学部哲学科卒）が研究所に出入りしていて、いろいろと刺激を受けたことを記憶している。

最も知られているのは、62年に設立されたチェーンストア経営研究団体、ペガサスクラブである。メンバーにはイトーヨーカ堂の伊藤雅俊氏、ジャスコ（現イオン）の岡田卓也氏、ダイエーの中内㓛氏らが名を連ねている。この組織を主宰していたのが、渥美俊一氏（1926〜2010年、東京大学法学部卒）、堤清二（1927〜2013年、東京大学経済学部卒）、渡邉恒雄氏（1926年〜、東京大学新聞研究所修了、読売新聞グループ本社代表取締役主筆）、氏家斎一郎（1926〜2011年、東京大学経済学部卒、日本テレビ放送網代表取締役会長、日本民間放送連盟会長、読売新聞グループ本社取締役相談役）であった。しかし、堤と渥美氏の流通に対するアプローチはまったく違っていたことだけは確かである。

設立から20年近く経った頃、それまでとはまったく逆のアプローチを採ることになったペガサスクラブと私は関わることになった。西武百貨店が医療機器の架空取引事件もあり経営危機に陥っていた頃のことである。93年に西武百貨店改革の旗頭を掲げ社長になった和田繁明氏（1934年〜、早稲田大学政治経済学部卒）の指示により、改革の考え方への理解を深めるため渥美氏を訪ねた。このときに始まった〝システム化〟と呼ばれる改革は素晴らしいもので、経済誌にも大きく取り上げられていた。

この時期にとりわけ有名になったのは、「西武百貨店白書」である。これは社内報でありながら多くの企業で読まれた隠れたベストセラーであった。これほど社内の荒《すさ》んだ様子を赤裸々に文章化したものを私は後にも先にも知らない。当時は社内のごたごたは隠しておこうという風潮が根強く、これを総会屋やブラック系経済誌が暴いていくという流れがあった。社内のことは隠せないというコンプライアンス的な習慣のなかった中での改革は、まさに時代をリードしたのである。

和田氏は感性的側面からセゾン文化的ではないとよく評価されるが、私は決してそのようなことはないと断言する。クラシック音楽をこよなく愛する文化人ということもあるが、マーケットを巻き込んだ改革だったからこそ大成功したわけで、まさにセゾンのマーケティングが根底にはあったのである。

遠回りして説明してきたが、西武・セゾンにとっていかに縦糸としての〝研究〟が大事であったか、十分に理解していただけたと思う。市民産業を標榜していた堤清二としては、食の問題を扱うのだとしたら、人類と食の関係はどうであったのか、そしてその横糸となる水耕栽培が長い歴史を持つ第一次産業という縦糸といかに交わるのか、さらにそのフォーマットによる食の安全確保と野菜の安定供給など、しっかりした研究成果を提示すべきだということだったのだと思う。

コンテクスト・マーケティングで重要なのは、幅広い分野を捉えた歴史観（縦糸）がしっかりしていることである。これを持っていれば、いろいろな企画への汎用性も望める。当時のセゾングループは、この縦糸にこだわるがために研究所まで持っていたのであり、コンテクスト・マーケティングとしての織物は相当に重厚なものであった。

第Ⅳ章

セゾン・マーケティングの活用

「新しい」への挑戦

セブン&アイ

2006年1月、そごう・西武はセブン&アイ・ホールディングスの100%子会社となった。「セゾン」と「セブン」という一文字違いの巨大小売グループは、まったく異なる企業文化を持っていた。オリンピックに例えれば、あちこちを向きながら不揃いに出てくる閉会式と、胸に手を当てて同じ間隔の隊列を組んで入ってくる入場行進。前者がセゾングループで、後者がセブン&アイのグループである。幹部集会でも、セブン&アイでは方針が具体的に提示され、それを噛み砕いた業務を皆がPDCAでしっかりと遂行する。この質実剛健な企業文化を築き上げたのは鈴木敏文氏（1932年〜、長野県生まれ、中央大学経済学部卒）である。その功績については100冊近くの書籍が出版されており、ここで簡単に紹介できるようなことではない。私が感動したことについて、部分的な紹介になってしまうが少し触れてみたい。

ゼロから立ち上げたセブン－イレブンが2万店を超え、北海道から沖縄まで全国展開をしていることはもちろん素晴らしいし、誰も考えつかなかったおにぎりやおでんの販売を行ったこともすごいことだ。前年比発想ではない、地域に根ざした店舗発注システムを作り出したことも、皆に反対されながらもセブン銀行をスタートさせ大成功させたことも、常人にできることではない。それらもさることながら、私が特に感動したのは、アメリカ本体の営業スタイルを変え、さらに買収もして傘下に収めたことである。ご本人も述べているが、アメリカのセブン－イレブンのFCとして始まり、使えるマニュアルすらない、まさにゼロからの手作りを重ねて現在に至っている。

コンビニエンスストアは1920年代後半にアメリカで生まれ隆盛した小売りシステムだが、本場のアメリカでは80年代になるとコンビニ間の競争激化や24時間営業のスーパーの台頭など様々な要因が加わり、徐々に業績を落としていった。やがてディスカウントも余儀なくされ、利益も圧迫されるようになった。そのアメリカのセブン－イレブンを救ったのが、鈴木敏文氏なのである。本部仕入で店舗に商品を配っていくというチェーンストア本来のやり方に対して、単品管理できめ細かく売上動向を把握し、店舗が商品を発注するという真逆のやり方に変更させたのだ。その徹底ぶりはまったく妥協のない激しいものだったために、鈴木氏はアメリカセブンの幹部から〝ハリケーン鈴木〟と呼ばれ、恐れられたという。台風のようにたまにやってきては激しく指導し、大きな傷跡を遺した方法論の改善を遂行させた。この改革によってアメリカセブンは飛躍的復活を成し遂げ、単品管理は〝TANPINKANRI〟という英語にまでなった。アメリカセブンは現在、セブン&アイ・ホールディングス傘下の1社となり、グループの利益を支えている。

取引先に頼るな

セブン&アイ・ホールディングスは財務面もしっかりしているので、セゾングループのような一家離散の可能性もない。両グループの違うところを挙げたらきりがないので、逆に共通点を挙げてみよう。それは二つある。一つは「人の真似をしない」ことであり、もう一つは「新しい商品の開発」である。この二つは鈴木敏文氏がしばしば言っていることだが、堤清二も様々な新規業態を開発し、商品開発に関してもモノだけでなく、コトも含めた開発に尽力した。問屋依存では駄目だ、自ら考えて自分たちの力で商品を開発せよという考え方も、両氏に共通する。セブン＆アイ傘下に入ったときに私は商品部長だったので、「新しい商品の開発」はまさに本業であった。うれしくもあったが、大きなプレッシャーでもあった。

鈴木氏の素晴らしいところは、西武百貨店を傘下に入れながらも、トップを送り込むわけでも、役員を入れて営業を仕切らせるわけでもなかったことである。実に民主的に自主性を尊重してくれた。ただし大経営者のことである、そごう・西武の経営方針の決定と営業結果のチェックは厳しかった。目の前に座ると心の中まで見通されているようで、ごまかしはいっさい利かないというオーラが出ていた。セブン＆アイでは商品部長という立場が重視されていたため、私はこのオーラを一身に受けるという涙と震えの機会を多くいただいた。どんな商品をどのような手法で開発するかまでしっかりと聞き取っていただき、大局の指導はあるものの基本的にはお任せいただいた。指導の仕方は紳士的で、投げつけられた提案書が宙をヒラヒラ舞うなどということは決してなかった。

私はその後、そごう・西武の社長時代を含めて、鈴木氏とは10年以上にわたりお付き合いをさせていただいているが、怒鳴られたことは一度もない。名誉顧問になった最近では笑顔で談笑もさせていただいている。ただ、会長だった頃の鈴木氏の緊張感は半端なものではなかった。「絶対に新しいことに挑戦せよ」「取引先に頼るな」と厳しく指導された。これは実は、百貨店にはとてもキツイ命題なのだ。

１９７０年代中盤、私が入社した頃から、店頭の商品は一部を除いて委託取引となっていた。月末に委託精算（棚卸し）をして、仕入れと在庫の差額のみを取引先に支払うというやり方である。仕入れたときに仕入代金が取引先に支払われる、いわゆる〝普通仕入〟の商品も半分以上はあったが、シーズンの転換期に返品できるので、買い取りではなかった。

80年代に入るとさらに委託化が進んだ。取引先は在庫の責任まで持ち、百貨店は取引先の社員が販売した売上だけをもらうという仕組みへと、衣料品から移行し始めた。これを〝消化仕入〟もしくは〝売上仕入〟と呼ぶ。日本のアパレルが編み出した手法で、アパレルが在庫金利、棚不足高、販売員コストまで持つことで、自社の商品を自由に移動できる特権を得ようとするものだ。百貨店にとっては実に楽ができる仕組みだった。百貨店社員は評論家のようにマーケットを語ったりして、まるでお公家さんのようになり、一方で問屋は戦国武将のように店舗を駆け巡り、売上の拡大を極めていくことになった。

それが可能であったのは、メーカー、問屋、百貨店という流通機構が十分に利益を取れるビジネス構造を持っていたからである。昨今ではネット販売による流通機構の革新と、生産から販売までを手がける巨大なＳＰＡ（製造小売業）業態の躍進により、古式ゆかしき百貨店の流通スタイルには陰りが見えてきている。百貨店売上の不振により、垣根のない消化仕入では当然のごとく販売効率の良い都心店舗に商品が集まるようになり、地方百貨店は売場展開ができずに閉鎖に追い込まれている。

消化仕入は日本およびこの方式を学んだ一部のアジアの百貨店の商慣習であり、ヨーロッパやアメリカの百貨店では行われていない。欧米の百貨店は全ての商品を自前で作っているわけではないが、買い取っている。私はグループ会社だったバーニーズジャパンの取締役も経験したが、バーニーズでは商品は自分で作るか取引先から買い取るかで、アメリカと同じやり方を日本でも実行していた。

私が商品部長から社長まで務めた時代は、まだ地方百貨店がかなりの数の店舗閉鎖に追い込まれる少し手前ではあったが、その流れが確実に迫ってきていることは実感された。そのことを鈴木氏は正確に把握していたのだ。「問屋さん任せの品揃えだからどこの百貨店も同じ、そんなことではすぐに立ち行かなくなる」と、よく言われた。だからこそ、独自の商品開発をせよ、ということなのだった。

まったくおっしゃる通りなのだが、永らく続いた消化仕入により、百貨店には商品開発能力がほとんどなくなっていた。しかし、そんなことは言いわけに過ぎない。私の商品開発戦国時代は、半ば強制的に幕開けとなったのである。戦士も訓練されていなければ、戦意も消沈している中で、唯一の武器はセゾン・マーケティングという兵法であった。振り向けば仁王立ちになっている鈴木敏文会長がいる。弱々しくとも前に進むしかない。ここからはその悪戦苦闘の物語である。

衣料品の自主開発

顧客に聞け

新たな商品の開発を始めた2009年の百貨店の状況から話を始めよう。

00年頃からカテゴリーキラーという言葉が聞かれるようになった。アメリカではオフィスデポに代表される巨大なワンカテゴリーストアが展開されていたが、日本でも家電はもとより、紳士服やカジュアルウェアなどの世界でも広まっていた。その中で〝百貨〟を標榜する百貨店はその領域を狭めつつあった。とはいえ、紳士服などの基幹アイテムを止めるわけにはいかず、地方の店舗では価格対応型の紳士服専門店などを導入し始めていた。

それは戦わずして白旗を揚げる情けなさであると商品部長の私は考え、地方の店舗であっても紳士服専門店の導入を拒んでいた。そこへ持ってきて、自主商品開発のプレッシャーがのしかかったかっこうだった。私はスポーツという紳士服領域に近い部門の出身である。もともと服が大好きで、学生時代は『メンズクラブ』を愛読し、上から下までアイビーファッションで固めていた。入社後は紳士服飾部を希望したがスポーツに配属され、その悔しさも手伝って服へのこだわりは強かった。しかも、バイヤーにもなれなかったというコンプレックスもあった。ならばと、最も分かっているはずの紳士服から商品開発を始めたのである。

[事例①] リミテッドエディション

まずはコンテクスト・マーケティングの縦糸である歴史をひも解くことにした。英国のサヴィル・ロウは日本語の背広の語源になったロンドンのメイフェアにある通りだが、もともとは軍人たちが住む場所だった。19世紀中頃から洒落者《しゃれ》たちが集まるようになり、服装も軍服からスーツへと変わっていった。紳士服の仕立ては、ほぼこの時期に確立されたものである。オーダー服は〝ビスポーク〟とも呼ばれるが、これは仕立職人が顧客と話しながら好みを聞き取り、仮縫いを繰り返すことに由来する。〝be spoken〟からビスポークへと変化し、用語として固定したのである。

コンテクスト・マーケティングの横糸としては、もちろんラペル（襟）の幅や身幅などの流行の要素もあるが、この頃は価格が切っても切りきれない要素になっていた。では安ければよいのかと言えば、それでは百貨店という業態の意味を失ってしまう。

私は深く悩んだ。そういうときの私のやり方は「顧客に聞け」であった。当時の売場には「販売メモ」という制度があった。販売員が接客中に気づいたことをメモに書くというマーケティング手法である。販売メモの情報は売場ごとにまとめられ、バイヤーに届けられ、バイイングの参考にされていた。実はこの販売メモは1995年、私が業務改革事務局長をしていたときに作った制度の一つだった。顧客の声を聞くという考え方は今でも重要なことだと思っているし、そこからブレてもいない。しかし、マーケターとしての私はこの販売メモに対して、実は半信半疑であった。顧客の生の情報を得ることはできても、情報はまとめると丸くなってつまらなくなるからだ。松岡正剛氏の編集工学まで持ち出す必要もないかとは思うが、人間の頭の中には編集機能があり、情報が入ってくるたびに個々の価値観で取捨選択され、それらしいものに仕上げられていく。そこが問題だと思っていた。

池袋本店の紳士服部門の事務所を突然訪ねた私は、かなり警戒された。商品部長など大した職位ではないと思うのだが、売場からするとそれなりの立場であり、何か落ち度でも見つけられたら困るというのが正直な思いなのである。私も入社して8年半は売場勤務だったので、その事情は分からないでもない。しかし、何しろ追い込まれて悩んでいたこともあり、「どうかひとつ」と、販売メモを見せてもらうことをお願いした。決して業務点検などではなく、あくまで販売メモから何かを読み取りたくて来たのだと説得し、やっと了解を得ることができた。事務所のデスクにA6サイズの販売メモの束が置かれた。そのデスクを借りて、私のファクトファンディングは始まったのだった。

販売メモの内容は、空調の悪さを顧客から何度も指摘されたことや、売場が分かりにくいなど、施設に関する指摘が大半を占めていた。新商品の入れ替わり時期に受けた質問や、バーゲンの問い合わせなども多数あった。注意深く読み進んでいくと、その中に「紳士服の専門店（例のカテゴリーキラー）とこのスーツはどこが違うのか」と問われたという一行を見つけた。さすがに百貨店の顧客である、似たようなものならもっと安くしろとまでは言わない。この一行に、私は大きく心を動かされた。

縦糸にしたサヴィル・ロウの服作りのノウハウがどこまで生かされ、どう着心地が良いのか、一方、価格対応をしている紳士服専門店はどこでコストダウンをしているのか。このようなことが顧客にはまったく分からない。そのことに対する意味ある説得力こそ、紳士服の新たな時代を創る横糸なのだと気づかされたのである。私はメンバーに丁重にお礼を言い、事務所を後にした。

商品部に戻ると紳士服のバイヤーを集め、価値のはっきりしたスーツを作ろうという、思いついたままの話をした。皆が半信半疑の面持ちではあったが反論は出なかったので、紳士服専門店のスーツと百貨店のスーツの仕立ての違いを徹底的に調べることから始めると宣言した。スポーツ売場時代にゴルフ用のオーダージャケットを売ったことがあり、当時の紳士服技術室の室長から採寸と補正について厳しく指導された経験もあったので、バイヤーたちとともに仕立ての分析を始めた。ただ、机上の分析では限界もあるので、比較的近しい取引先に頼み込んで工場に行くことにした。

物作りの現場は宝の山である。その取引先は名門工場で、その名を聞けば知っている有名ブランドのスーツを作っていた。工場長から詳しく説明を受けながら各工程を回った。知っていることもあったが、新しい発見も多々あり、製造現場を見ることの重要性に改めて気づかされた。紳士服には200以上（数え方による）の工程があり、その一つひとつがしっかりフィットする服作りには欠かせない。縫製価格を下げようとするならば、工

2009年に展開を始めたパターンメイドスーツブランド「リミテッドエディション」

程の一部を省く作り方もあるとのことだった。海外生産による人件費カットというローコスト策もあったが、私たちは顧客にとっての適正価格を探ることにした。

いろいろなヒヤリングやアンケート調査を実施したところ、百貨店の裾値と価格対応型専門店の価格の中間あたりが、顧客が百貨店に求める価格であることが見えてきた。百貨店らしいスーツの着心地を残しながら納得の価格で提供するには、問屋、メーカーのコストを減らすしかないと結論を出した。つまり、工場との直接取引である。直接の物作りであれば「やはり日本製が良い」という顧客の要望にも応えることができる。紳士服には本切羽やお台場仕上げなどこだわりのディテールがいくつかあるが、それらはオプションにした。そして、顧客に自分らしい好みのスーツを着ていただくためには、セミオーダーしかないという結論に至ったのである。このようにしてパターンメイドスーツは形作られていった。

次に考えたのはブランド名である。ＳＥＩＢＵというネームもありではあったが、それだとＳＯＧＯも要る、しかしそもそもブランドの世界観を出そうとしているのに企業名を冠するのもいかがなものか……。そこで、新しいブランド名をいくつか考えたが、どうもしっくりくるものがなかった。いろいろ探しているうちに、過去に使っていた紳士服のブランド名に思い当たったのである。それが「リミテッドエディション」だった。〝限定品〟を意味する一般用語である。それだけに登録商標が取れているのか不安だったので調べてみたら、取ったままにしてあったのだ。私は小躍《こおど》りして喜んだ。かくして２００９年、自主商品に相応しい限定品という呼び名のオリジナルブランドが誕生した。先輩たちが残してくれた遺産は素晴らしいと、心から感謝したのである。

［事例②］リミテッドエディション・バイ・アツロウタヤマ

百貨店のＭＤの中心は婦人服であり、自主商品開発では避けて通れない領域である。しかし、婦人服はブランド力がものを言う領域で、あいまいなブランド名を付けても見向きもされない。ブランドを押し出すのはデザイナーだ。しかし、デナイナーブランドは百貨店各社に入っているため、どこか１社とだけオリジナルブランドを作ることに各ブランドは難色を示した。さらに重要なのは価格帯である。カテゴリーキラーの波は婦人服にも迫って来ていて、カジュアル系SPAとも戦える百貨店になるには裾値の領域での商品開発が求められていた。

価格を下げるために素材の質を下げたら、「安かろう悪かろう」に陥り、本末転倒になってしまう。それまでも百貨店による商品開発はあったが、少量の開発になるため生地単価は高く、結果として製品価格が上がって売れないのが常であった。またもや私は深い悩みに陥った。本来のコンテクスト・マーケティングは縦糸から入るべきだが、時代背景を踏まえると〝価格〟という横糸をクリアしない限り何もコトが始まらない。そこで物作りの原点に立ち返ることにした。ワンピースやブラウスを大量に作っているところは当然、仕入コストが低い。百貨店の取引先という枠組みを外して、最も多くの婦人服を作っているところはどこかという考えが頭に浮かんだ。さっそくバイヤーに依頼し、婦人服の生産量が多いメーカーのリストアップが始まった。

その作業の過程で一社が浮かび上がってきた。どちらかと言うと専門店やショッピングセンターのブランドを手がけていて、西武百貨店との取引はまったくなかった。そこで展開されている店舗まで商品を見に行った。手に取ると、しっかりとした縫製で、素材も良く、どう考えてもその価格ではあり得ない品質を備えていた。当たって砕けろの勢いで、同社の営業本部長である役付役員にアポイントを入れたのである。

ほどなくその会社を訪れた私に、営業本部長はやや怪訝《けげん》な面持ちで応対した。私は西武百貨店が置かれている状況、グループトップの強い意志、今回のオリジナルブランドに懸ける私の情熱を話しきった。すると、しばらく黙って話を聞いていた彼は、それまでの物作りに懸けてきた思い入れと生産背景、中国工場の立ち上げと失敗、自社工場を持たずに多くの生産ラインを動かすノウハウなどを語り始めたのだ。話の全てが新鮮で、心に染み透った。後で聞いた話だが、リスクを取らない百貨店という実像がファッションビジネス業界に浸透する中で、私の本気度が試されていたようだ。厳しい面接をクリアした私は、しっかりとした取り組み相手を確保することができた。

最も大切な縦糸が残った。私はファッションの原点からひも解くことにした。先史から入るのであれば縄文の被服やアクセサリー等の原点をたどる方法もあるが、少し手間がかかりすぎる。ヨーロッパに目を移すと、ミケランジェロがデザインしたおしゃれな軍服や重厚なビロードのドレスなど、ルネサンスあたりの服飾も興味深い。その後の時代であれば、マリー・アントワネットのウエストまわりを絞り込んだドレスから始めるのもおもしろい。しかし、いずれも話が長くなりすぎてしまう……。

ならば、それまでの階級を超えた、現代につながるファッションの大きなムーブメントを捉えてみてはどうか。そのような思考の変遷を経て、19世紀後半のパリに着眼したのである。贅《ぜい》の頂点を極めたルイ王朝までの王室で当たり前になっていた注文服が、産業革命で出現したブルジョワジーたちに楽しまれ始めたのが19世紀前半。1852年にはボン・マルシェの誕生に始まった百貨店が、注文から出来上がりまでの時間を短縮し、プレタポルテ（既製服）を登場させた。これによりファッションは陳列され、選択されるものになった。

モードの世界の幕開けである。クリスチャン・ディオール、イヴ・サンローラン、拘束から女性を解放したココ・シャネル……。ファッションの世界が目くるめく展開されていった。それを盛り上げたのがファッション雑誌である。その発祥は、1829年発刊の『ジュルナル・デ・ダム・エ・モード』(フランス）と言われている。その後、一般にファッション誌のルーツと思われている『ヴォーグ』は1892年にアメリカで、今も書店で見かける『ハーパーズバザー』はそれ以前の1867年にニューヨークで創刊された。パリのモードに最も影響を受けたのはアメリカだったのである。ニューヨークで仕事をしているとアメリカ人のファッション関係者は、最近でもパリに強い憧れを持ち続けていることが感じられる。

ファッション界には大きく二つのアプローチがある。一つはもちろん、世界のファッションの中心であり続けているパリコレクションから始まるモードである。もう一つは、ストリートファッションであり、世界全体で進むカジュアル化の流れは留まることを知らない。街の若者たちがスケートボードを楽しんだりしながら生み出していくストリートファッションは、侮《あなど》ることのできない重要なアプローチである。しかし、私が開発するブランドのターゲットは百貨店顧客であり、当時もまだまだモードの影響を受けていた。縦糸の考察をアウトプットするのは、パリコレまでつながるデザイナーでなければならない。そう決め、いろいろなデザイナーにアプローチを繰り返した。しかし、いいところまでいっても、諸般の事情が絡まってなかなか引き受けてもらえなかった。

紆余曲折が続く中で、大きな変化が起こった。重要な横糸を担うメーカーのルートで、大物デザイナーとの面談のチャンスを得たのである。横糸が縦糸を絡めるという異例の流れだった。そのデザイナーが田山淳朗氏である。全てのスケジュールを飛ばして面談に備えた。

面談は重苦しい沈黙から始まった。私は情熱的に語ったのだが、なかなか響かない。百貨店という化石のような業態が、いかに大柄《おおへい》に身勝手に高圧的に無責任に、生産現場の取引先に対応してきたかを思い知らされた。私は完全買い取りによる自主展開を全ての前提とした。ミーティングの後半で「LIMITED EDITION by ATSURO TAYAMA」というブランドロゴを提示し、思いのたけをぶつけた。しばしの沈黙の後、田山氏は「やりましょう」と私の目を見て言ってくれた。

田山淳朗氏（1955年～、熊本県生まれ、文化服装学院卒）は、第14回ハイファッション「ピエール・カルダン賞」（75年）に始まり、第10回毎日ファッション大賞新人賞（86年）、日本ファッション・エディターズ・クラブ賞（96年）など数々の受賞をしている日本を代表するファッションデザイナーの一人である。82年にヨウジヤマモトを退社後は自らのブランド「A／T」でパリ進出も果たしている。また、ワールドでディレクターとして立ち上げた「オゾック」の1日当たりの売上はいまだ抜かれることなく、その後も「インディヴィ」「ボイコット」なども世に送り出した伝説のヒットメーカーでもある。その田山氏との夢のような取り組みが始まったのである。

衣料品に陰りが見えてきて元気のない百貨店が、オリジナルの自主商品をスタートさせる。しかも、デザイナーは数々のヒットを飛ばしてきた田山淳朗氏。加えて、カテゴリーキラーにも対抗できる控えめなプライスゾーン。神宮前の発表会場にはテレビ全局、一般

田山淳朗氏との協業により、良質で価格意識にも対応したMDで市場を創った「リミテッドエディション・バイ・アツロウタヤマ」

紙全社、業界紙はもとより雑誌社も数多く集結した。「不振のそごう・西武が……」から始まるネガティブな報道もあったが、結びは「起死回生にかける」という前向きなものであった。媒体露出度は想像を絶し、某国営放送の夜7時台のニュースにまで出たために、聞いたこともない親戚から祝電をもらったりもした。以前5年間にわたり、百貨店の不遇の時代に広報室長を務めただけに、このときほどその体験に感謝したことはなかった。

鳴り物入りでスタートした「リミテッドエディション・バイ・アツロウタヤマ」は、09年の初年度から記録的な売上高を誇り、百貨店の上顧客からの指名買いが相次いだ。好調が続いた背景には、田山氏がディレクターという立ち位置から百貨店女性バイヤーたちを教育してくれたことがある。百貨店は消化仕入（売上仕入）を始めた頃から、マーケットを見つめ、自ら物作りに関わり、仕入れて売り切っていくという当たり前の仕事から、いかに離れていたかを思い知らされた。また、売場の社員たちも、スタートからの話題性も手伝って、高い意識を持って販売に臨み、ハイレベルのサービスを実現したのである。

展開は全店舗に至り、面積当たりの売上もナショナルブランド（一般の衣料ブランド）に引けをとらないところまできた。安定した黒字展開を続けるこのブランドを百貨店自主ブランドの唯一の成功事例と言ってくださる人もいた。私にとってはこそばゆい話だが、ひとえにこのブランドに関わっていただいた皆様のおかげと、ひたすら感謝している次第である。

［事例③］リミテッドエディション・エリアモード

2015年に展開を始めたこのブランドが生まれたきっかけは、国の政策であった。地域振興や地方再生など様々な呼び名で地方を活性化する施策が話題になってきていた。政府から助成金が出るものも多数あった。もともと堤清二は西武百貨店の出店に際して、〝地域との共生〟を旗印に掲げていた。第Ⅲ章でも紹介したが、弱者の論理の優先という、企業人には珍しい信念があったのである。したがって、地域からの要請で出店したところもあったし、地型《じがた》を整えるための地上げなど諸々の交渉をしないことも多々あった。すでに大店法（大規模小売店舗法）という規制があったが、それ以前の人間としての考え方の問題である。

そのあたりがうまかったのは、そごうの水島廣雄氏（1912〜2014年、京都府生まれ、中央大学法学部卒、担保法の権威）であった。1950年代後半、経営難に陥っていたそごうを立て直し、日本最大の百貨店グループを築き上げた人物である。私が西武百貨店の川崎店で店長をしていた頃（1998〜2000年）、横浜を中心とした界隈の百貨店による「7店会」を仕切っていたのが、そごう横浜店の店長だった。歴史や伝統を重んじる百貨店業界にあって、鉄道系の新参者である西武百貨店は、呉服系の百貨店よりも協会活動などでは軽視されていた。そごうは1830年に十合伊兵衛により大阪で立ち上げられた歴史ある百貨店で、ぽっと出の西武百貨店とは格が違ったのだ。しかし、そのそごうも、いかに地域最大の店舗とはいえ、出店は1985年と横浜では新参者であった。

では、なぜそごうは横浜で中心に位置しているのか。それはひとえに水島氏の政治力である。そごう横浜店については出店の20年近く前から水島氏の調整力が働いていて、みなとみらい開発の中でも重要な位置づけを持っていた。また、そごうは各店が別会社になっていることもあり、社長から常務取締役など役職者の層が厚い。地域との関係を築き上げるために、総務担当常務は出店の10年以上前から、地域の実力者たちと飲み食いするという下地作りができていた。さらに別会社は上層部の店舗間の人事異動が少なくなるため、3年に一度交代する他の店長とは地元密着度も違う。現在も、そごう・西武で駅隣接の四角い大きな店舗は全てそごうになっている。西武百貨店はだいたい長細いか、鍵の字に曲がっていたりする。

このような知見を得ていたこともあり、西武百貨店の精神である地場レベルで地域との共生を図るプロジェクトを何らかの形で動かしたいという気持ちは、当時そごう・西武の社長になっていた私のDNAにも潜んでいた。しかし、「リミテッドエディション・エリアモード」のプロジェクトが生まれたのは、私の意見ではなかった。現場から湧き上がってきたのである。自主商品であるリミテッドエディションが各店で実績を上げ、売上シェアもなかなかのものになってきた頃の話であった。店長会で「店舗の意向を反映させた自主商品が欲しい」という意見が出たのだ。社長の私としては大感動した。眠っていた地域共生のDNAに火がついたという次第である。

各店の話を聞き込んでみると、地方の都会化が一定程度進んだ中で求められているのは、都会発の全国共通の新商品ではなくなってきているとのことだった。地場の産業によって地域のニーズを取り入れ、都会的要素も取り込んだ商品が求められている、というのである。当時はカープ女子に象徴される広島の地域愛が有名になっていたが、同様なムーブメントが大なり小なり各地で起こっていた。まだ商品企画も立ち上がっていなかったが、私の頭にはブランド名が浮かんだ。地域の流行・ファッション、つまり〝エリアモード〟である。ツキもあったが、商標登録もされておらず、難なくクリアできた。

このブランドのコンテクスト・マーケティングは実に分かりやすい。縦糸は地域の歴史・伝統・習慣など、横糸は百貨店が得意とする折々の流行である。ただ、このブランドのテクスチャーは本部が決めることではなく、店ごとにあるべきものである。そこで私は店長会などを通じてマーケティングのやり方を指導していった。マーケティングに慣れている経歴の店長もいたが、単一商品領域の経験が長い店長や管理部門出身の店長はなかなか理解できないので、本部からサポートをつけた。

大事なのは商品開発の手法である。20店舗以上の店がそれぞれに商品開発をしたら非効率極まりない。物作りにおけるコストダウンの原則がスケールメリットであることは火を見るより明らかだ。本部の関連バイヤーたちを集めて議論した。スケールメリットの追求といっても、全て本部でやってしまっては何の意味もなく、本末転倒の極みである。何度かの打ち合わせでまとまったのは、ディテールに店舗の要望を取り入れることのできる本部開発商品と、店舗が独自に地場産業と組んで作る店舗開発商品の2階建て構造だった。

本部開発商品は衣料から始めた。素材の調達から縫製までの工程で、量の論理によるコストダウンが最も見える領域だからだ。その年はノームコアと呼ばれるシンプルな服がトレンドであったので、ちょうどよかった。白いブラウスにネイビーのコットンパンツなどの基本アイテムが次々とラインナップされた。そのデザイン画に対して店舗からは、「うちの店は自転車に乗る主婦のお客様が多いので、ブラウスの後ろの着丈を長くしてほしい」とか、「働く主婦が多いのでスカートの中にブラウスが収まるようにしてほしい」とか、いろいろな要望が集まった。これらをもとに商品を開発し、いざ店頭に投入となったのである。

本部では、店舗開発商品のシェアはせいぜい30％程度だろうから、本部開発商品は70％ぐらいが必要であろうという目安ができていた。ところが、その読みは大きく外れることとなった。実売は店舗開発商品が60％で、本部開発商品は40％だったのだ。各店が奮起したのである。

初めに動いたのは所沢店であった。地場産業である狭山茶の農家と組んで、衣料を狭山茶で染め上げた。これにはバイヤーも私も度肝を抜かれた。お茶で染める……思いもつかなかったその発想は、売場から出てきたものである。

所沢店については若干の解説が必要だろう。この店は実験的に店長から部長、課長、売場の販売員まで全員を女性で編成した。百貨店はもともと女性の職場だが、売場には女性が多くても、マネージャーがなかなか育っていない。これを解消するには店長から部長、

各地の店舗が地域の産業と協業して商品を開発し、提案する「エリアモード」

ナチュラルなテイストを基調に、各店ごとに独自の魅力を発信。服はもとより、雑貨やアクセサリーも揃えた

課長まで全員女性にしてみたらどうか、という話から始まったのである。皆が心配したのは力仕事だったが、取引先の力を借りることもあったものの、ほとんどは女性たちが難な

くこなした。何がよかったかと言うと、とにかく階層意識がなく会議嫌いのため、皆が集まると物事がすぐに決まるということである。四の五の言うよりも、まずはやってみようという流れができていった。したがって、店舗開発商品の内容も一番乗りで決まったのである。

しかし、本テーマとは離れるが、この女性だけの店の顚末《てんまつ》を語っておかなければならない。店舗開発商品の展開から2年後、女性だけの店は終了した。主な理由は、構成員の心の健康問題であった。女性同士の関係は理屈ではない。また、「これを言ったらまずいな」といった上下関係への配慮も少ない。だからこそ、ぽんぽんと話が進む。フラットな組織は機動的なのである。ただし、無駄がないということは、ゆとりとか余裕といった遊びのようなものが存在しないことでもある。息が詰まってしまうのである。では、なぜ男性が必要なのか。女性の集団の中では緩衝材として極めて有効だからだ。何だか男の私としては情けない結論ではあるが、そういうことなのである。もちろん、その後も女性のマネージャーの育成は手を抜くことなく進められたが、女性だけの店が登場することはなかった。

所沢を追って、次に名乗りを上げたのは徳島店であった。徳島は藍染めの産地である。

所沢のお茶よりは、凡人の私も理解しやすかった。伝統工芸の藍染め職人と契約し、自主商品の開発プロジェクトが動き出した。さらに福井も名乗り出た。地場産業である越前箪笥の職人の技を使ってキャリーバッグやアクセサリーを作るというのだ。その後は、秋田からは曲げわっぱの技術を使ったコーヒーカップ、大宮からは地場産業の技術を使った女性のカンカン帽、川口からは鋳物の技術を使ったアクセサリー……まさに協奏曲の幕開けとなった。

およそ本部では思いもつかない発想だった。何よりうれしかったのは、各店の顧客が皆喜んでエリアモードの地場商品を購入してくださったという事実である。このときほど、百貨店は地元の顧客に支えられて在るということを、深く認識させられたことはない。

雑貨の自主開発

〝上等の普通〟のデザイン

西武百貨店が〝雑〟に強い会社であることはすでに述べた。雑草の強さを持つ会社であることは間違いない。しかし自主開発となると、やはり衣料のほうが入りやすいのは事実である。流通の仕組みからして衣料と雑貨では違うのだ。特に百貨店衣料は、問屋が仕入れるか自ら作るかして百貨店に卸してくる。自主開発をするときには、この問屋を外して、メーカーと直接組んだり、さらにその先の工場と組んだりする。そこで出てくるのがコスト吸収の方法論であり、現にいくつかの方法がある。

しかし、雑貨の場合、そうはいかないのである。ひと言で雑貨と言うが、衣料雑貨もあれば文具などの趣味雑貨もある。またインテリアの領域には箱物、脚物から布物まであり、それぞれが異なる産業の成り立ちと取引構造を持っている。職人技の領域に至っては、衣料における服地のように量によるコストダウンが効かないものがあったりする。ただし、コンテクスト・マーケティング的には、横糸に引っ張られるファッションとは違って縦糸がしっかりしているので、取り組みに幅も深さも出るのである。

取り組みやすい衣料が先行していたこともあって、負けていられないという思いからも、雑貨に対するバイヤーをはじめとするメンバーの意識は高く、いくつもの成功事例が出現することとなった。

［事例①］リミテッドエディション・クロコダイル

衣料品のバイヤーたちは明らかに元気を取り戻して生き生きと仕事を始めていた。いつも思うのだが、すぐに元気になるのはだいたい女性である。男性は何だか謙虚というか、引っ込み思案でノリが悪い。出る杭は打たれる的学習が、男社会には深く染み付いているからだ。イヴァン・イリイチのジェンダー論に始まり、女性の時代へ向けた取り組みが群を抜いて早かった西武百貨店の話はすでに述べたので、ここでは女性と男性の〝軸〟の違いについて論じたい。それは軸と言うよりも、座標軸と言うべきかもしれない。

人の世には先輩後輩、役職の上下等、上下左右に振り分けるＸＹの座標軸がある。並んで座っていた同期の二人もあるときを境に上司と部下になれば、上司になったほうは敬語で崇《あが》められる。何ともおかしなシステムである。しかしこれがしゃあしゃあとできなければサラリーマンは務まらない。男は皆、座標軸の中に自分を位置づける習慣がある。

一方、女性は少し違う。ママ友が良い例だろう。ずいぶん歳の違うお母さん同士もタメ口が基本である。同級生のお友達の親同士だから、当然、親同士も対等なお友達。たとえ一方が高級官僚のご婦人で、相手が一般サラリーマンの専業主婦であっても、基本的には関係ない。地域社会だからかと言うと、そうでもない。聞く話によると、マンションの理事会などは男社会で、大手の役員が一目置かれたりするらしい。女性組織の素晴らしさは、自分の価値観をしっかり持ったうえで他人と関わる、ということなのだと思う。つまり、座標軸は自分の中にある。それが男社会では空気の読み方や報告力・連動力の不足とされ、結果として組織の上層部に女性が少ないという状態を生んでしまうのである。

ただ、安定した組織を順風に運営していくだけならば、男社会はどの座標軸にも自分を収めてしまうので何とかなるのだが、改革を進めるには各人が自らの中に座標軸を持つ女性のほうが力になる。ざっくばらんに言えば、ノリが良いのである。力がついたことを褒めれば、変に謙遜することなく堂々と突き進む。これがいいのだ。衣料品の女性バイヤーたちは、裏ぶれた男性たちから見れば、まさに颯爽《さっそう》と歩くビーナスのごとくであった。

このような社内の変化も生みながら、ファッションの自主商品開発は動き始めたのだが、雑貨がなかなか動かなかった。前章でも触れたが、〝雑草西武〟はロフトを生み、新しい価値観を提供した無印良品は輝き続けていた。にもかかわらず、百貨店本体の雑貨の自主商品開発は停滞感の深い闇の中にあった。何とかせねばと、私の頭は雑貨に軸足を置くことに集中した。百貨店不振と言われていた中で、高級雑貨の領域はまだ光が当たっていた頃であった。ただ、婦人雑貨や紳士用品、そしてインテリアという領域も、かなりしっかりとした取引先の住み分けができていて、なかなか入りにくかった。では、どこから攻めるか――。

銀座をふらふら歩き回っていると、〝上等の普通〟という言葉が思い出された。エルメスのビルを見上げたときのことであった。エルメスは前にも述べた通り、西武百貨店と合弁会社まで作った思い入れ深いブランドである。パリで打ち合わせをしていたときに、エルメス社の幹部からこの言葉を聞いたのを思い出したのだ。

大人気のバーキンとケリーのバッグの扱い枠を増やしたいとする当社に対して、エルメス側の回答は、本当のファンは上等の普通、つまり上質な商品を日常の中で使っていく人々であるというものだった。エルメスは吸収性の良いタオルから肌に優しい石鹸まで生活に必要な商品を揃えているのだから、エルメスというブランド全体を捉えてほしい。Hのマークのバッグだけに飛びつかず、エルメスをトータルで愛してほしいと言ったのである。フランス語からの日本語訳が相応しかったかは分からないが、私はこの〝上等の普通〟という言葉に大きな感動を受けた。

馬具屋から始まったエルメスは、皇室からブルジョワジーまでの日常の生活をより心地良いものにするという使命感を持ち続けてきた。しかし〝上等の普通〟は、日本には圧倒的にないものだった。寂しいかな、そのような人々はごく一部で、単に財布を持ちたい、バッグがどうしても欲しいといった一点豪華主義だった。しかし、上等なものを日常使いするという考え方は日本にも十分にある。富裕層にはシルクのパジャマしか着ない人もいれば、高価な作家物の茶碗を日常使いすることで醸《かも》される味を楽しむ人もいる。モノが豊かになり箪笥在庫もいっぱいになった日本だからこそ、この考え方が重要なのではないか。その思いがむくむくと湧き上がってきたのである。

〝上質〟という言葉が私の頭の中でぐるぐる回り始めた。バッグにおける上質とは何か。

縦軸の模索が始まった。良いバッグの歴史は、縄文時代にまで遡《さかのぼ》る。縄文人は、やじりなどの小物を入れる小袋を携帯していた。籐《とう》で編んだ「縄文ポシェット」なるものである。しかし、ここから歴史をたどるのは気の遠くなる話なので、より現代のライフスタイルに近い江戸の町民文化に焦点を当てた。この時代によく使われたバッグと言えば、巾着《きんちゃく》である。15センチほどの小袋に小粒金《こつぶきん》や煙草などが入れられたようだ。これを腰に吊るしたりするために生まれたのが、根付けと緒締め玉である。根付けのデザインはこだわりが深まり、オーダーのためのデザイン帳を北斎が手がけたことは有名な話である。この洒落心《しゃれごころ》に溢れた巾着の素材で高級なものは、上質で柔らかい鹿革であった。

この縦軸から私は〝柔らかい革〟というキーワードを引っ張り出した。現代の高級バッグに使われている革は、クロコダイルをはじめとしてフォーマルバッグの革までカチッと硬いが、バッグは柔らかいほうが日常使いをしやすい。これで縦軸は決まった。

ここで〝上等の普通〟の出番である。この場合の〝上等〟とは何かを考えた。エルメスのケリーバッグで最も高級な革素材はクロコダイルである。値段は普通の革の5倍はする。だが、もし条件が許すなら、やはり女性が一番欲しいものを提供したい。横軸はクロコダイルに決めた。肌に馴染む柔らかいクロコダイルのバッグを日常使いする。これがでされればまさに〝上等の普通〟である。考え方は定まった。

では、どうやってクロコダイルをリーズナブルな価格で仕入れるか。百貨店の取引先ブランドと組んでもできるはずがない、メーカーでもない、もっと川上まで遡らなければ駄目だ。クロコダイルやパイソン（蛇）などはエキゾチックレザーと呼ばれ、一般のレザーとは区分けされている。このエキゾチックレザーの輸入元から直接仕入れるしかないという結論に至った。担当バイヤーを決めなくてはならない。しかし、革の輸入元から仕入れて物作りをした経験のあるバイヤーなどいるわけがない。私はフットワークの良い若手の男性バイヤーを選んだ。今度は若手の男性を元気にする番だ。

クロコダイルはなぜ高いのか。養殖で丁寧に育てられるからである。一般にクロコダイルはトゲトゲした背中ではなく、腹の皮を使う。天然のものはワシントン条約で保護されていることもあるが、川辺の草の枝や仲間同士の争いで〝腹に傷持つ〟ものばかり。したがって、養殖でしか傷のない腹のクロコダイルは育てられず、喧嘩を避けるためには個室対応にしなければならない。なかなか贅沢な箱入り息子たちなのだ。しかも育成には3〜6年を要する。さらにエルメスなどの高級バッグは、腑《ふ》（鱗《うろこ》が構成する四角い柄）にもこだわり、ワニ革の最高級品とされるスモールクロコの胸の一部しか使わない。バッグは両面あるので、スモールクロコを選び抜き、同じ形の腑を持つものを探す。こうして目の玉の飛び出すような価格のバッグが出来上がるのである。しかし、ここまで革を選び抜いて作られたカチッとしたバッグは年に何度持たれることになるのだろうか、疑問である。

日常使いできる柔らかいクロコダイルバッグを20万円以下で販売する。私は仮説を立て、若いバイヤーと二人での戦いの火蓋は切って落とされた。まず、どのようにローコスト化するのかを、革のメーカーとともに必死で考えた。何かの常識を崩さなければ、20万円以下のクロコダイルバッグなどできるはずもない。広げた革を見ながら考えた末、腑の常識を壊すしかないという結論に至った。バッグの両サイドを同時に見せることはないので、両方に胸部の大きい腑を使う必要はない。また、バッグの側面には背中寄りの小さい腑がきてもよいと割り切った。この常識を外す施策により、革の使用効率が飛躍的に向上した。結果として、良質の素材を

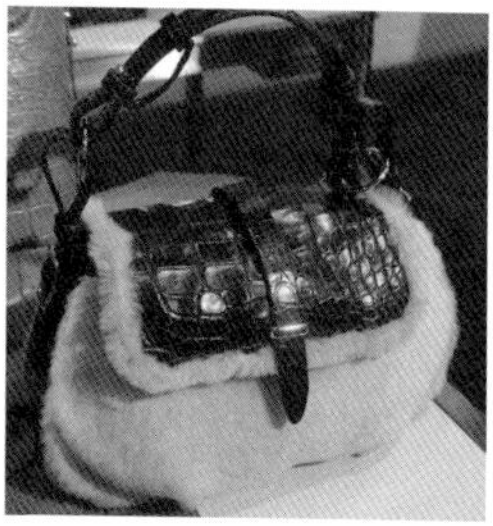

高級革素材の使い方を創意工夫し、
日常使いできるバッグを開発

使ってもかなりの低価格でクロコダイルバッグができるようになった。デザインについては、ローコスト化の意識から、バイヤーと私で考えることにした。試行錯誤の末、25センチ幅で一本手付きの形状が決定した。

工場との何度かのやりとりを経てサンプルが出来上がり、商品部の女性たちからも高評を受け、ようやく販売にこぎつけることができた。ブランド名は「リミテッドエディション・クロコダイル」。お得意様への販売に向けた説明会を経て、いよいよ販売が始まると、価格設定も受けて生産が追いつかないほどのロケットスタートとなった。労力のほとんどは若きバイヤーによるものだったので、大スターの登場となったのは言うまでもない。

コンテクスト・マーケティングでは、単なるトレンドに振り回されるのではなく、過去から未来を見通して本当に皆が欲しがるモノを見つけ出すことが肝要である。その実現には常識の破壊という冒険が付いて回るのである。

［事例②］バイエヌ（by／n）

ミラノの大会場の壇上に背の高い日本人が立っていた。流暢な英語でのスピーチはユーモア溢れる内容で、会場は大変な盛り上がりを見せていた。２０１２年のエル・デコインターナショナルアワードで、デザイナー・オブ・ザ・イヤーをデザインオフィス「ｎｅｎｄ（ネンド）」の佐藤オオキ氏（１９７７年生まれ、早稲田大学建築学科卒）が受賞したのである。日本の文壇で言えば芥川賞のようなもので、世界のインテリアデザイナーが目標としている。日本人の著名なデザイナーも２人受賞しているが、佐藤氏は最年少での受賞であった。たまたま別件で出張していた私は会場に居合わせた。紹介されて話してみると、佐藤氏は明るく謙虚でなかなかの好青年であった。話すうちに高校・大学の後輩であることが分かり、シャンパンも手伝って大盛り上がりの夜となった。

このときすでに佐藤氏はネンドというデザイン会社を立ち上げて10年が経ち、ヨーロッパを中心に２００のプロジェクトを抱える超売れっ子デザイナーになっていた。15年には欧州最大のインテリアデザイン見本市「メゾン・エ・オブジェ」で、デザイン・オブ・ザ・イヤーを受賞していた。ＭＯＭＡをはじめとする世界の著名な美術館でも、アートピースとして作品が所蔵されている世界的デザイナーである。

そのプロダクトを言語で説明するのは難しいが、ネンドのデザインはシンプルでありながらインパクトの強いものが多い。西武百貨店のデザイン傾向と縦糸的につながっていると直感的に感じさせる。伝統的百貨店は、どちらかと言うとウィリアム・モリスに始まる、ややデコラティブなデザインを好む傾向にある。しかし、西武百貨店はそれらのアール・ヌーボー的なものは、どうも得意ではなかった。どちらかと言うと、単純な直線とシンプルな曲線で構成されたアール・デコのほうを好んだ。そしてバウハウスデザインからポルシェデザインへ、という流れである。1975年から始まったクリエイティブも、田中一光氏の実にシンプルでインパクトのあるデザインであった。

デザインの定義をできるような立場にはないが、問題解決の手法であると私は捉えている。漠然としていたり、こんがらがっていたりするクライアントの要望を解きほぐして分類し、本当に必要なもの以外は間引いていく。その引き算がデザインのプロセスではないかと考えるのである。一方、そのモノがまとってきた歴史だったり使命だったりするものを縦糸に、時代の要請やトレンドを横糸にしたコンテクストがある。この縦糸と横糸で織りなす繊維を形作っていく作業こそデザインではないかと考えるのである。

そう考えると、コンテクスト・マーケティングはデザイン活動に置き換えることができる。私は経営者として優れていたとは思っていないが、会社がどうあるべきかを必死でデザインしていたような気がする。社会貢献活動について議論したことがあった。企業が経常利益の1%を慈善事業に充てる1%《ワンパーセント》クラブを経団連が90年に設立してから、このような活動は盛り上がった。しかしバブル崩壊とともに停滞し、90年代後半には再び盛り上がったものの、その後は停滞と盛り上がりを繰り返した。２０１０年前後は、会社の利益の何%かを捻出して何かをするという活動が主流になっていたことから、議論においてもその流れのアイデアが多く出た。今で言うＥＳＧ投資（環境＝Environment、社会＝Social、ガバナンス＝Governanceを考慮した投資）である。ただ私は利益が出ているときは問題ないが、経営状態が悪くなると削減対象の槍玉《やりだま》に上がってしまい、結果として続かないと考えていた。したがって、無理のない持続可能なものにすべきと主張した。

最も重要なのは顧客とのつなぎ手としての役割の発揮だと考え、三つのことを実施した。一つは、盲導犬を育成するための募金活動である。これはそごうが長く続けてきたことで、継続は力なりということでやり続けることにした。二つ目は、グリーンラッピングである。簡易包装は当時も叫ばれていたが、おしゃれに処理する習慣がなかった。そこで包装紙を使わず、天然素材の紐に小さなフェルト製の葉をあしらうというデザインに変え、それによって浮いた包装紙代を植林の寄付に回すというスキームである。環境に配慮した顧客の善意を、グリーンに換えるというプログラムでもある。三つめは、小さくなったお子様の靴をアフリカに送るというプログラムである。

これらは全て、顧客の善意を各機関を通して形にしていくという一貫したデザインになっている。現在も継続され、〝サステイナブルデザイン〟と言えることと自負している。

　環境問題とともに気になったのがシニア問題であった。高齢化が進む過程で、社会全体がいろいろな問題を抱えるようになってきていた。そんな中での百貨店の役割は何か、もやもやと考えていた。それまでに何もやっていなかったわけではなかった。分かりやすい店内案内の追求やトイレの改善、ちょっとした休憩スペースの増設、パンフレット等の文字の大きさへの配慮……いろいろとやってきてはいたが、どうも違うと思ったのである。百貨店がやるべきことは他にあるはずだ。思い悩んでいたときに出会ったのが、小野由記子氏（武蔵野美術大学デザイン学科インテリア専攻卒、１９８５年に小野意匠計画を設立）だった。私の頭の中のもやもやは吹き飛んだ。

　初めてお会いしたとき、たまたま私が病院に少しお世話になった後だったこともあり、いかに病院が無機質で心を塞《ふさ》がせるかという話で盛り上がった。北欧では、病院内の色使いや医療機器にも配慮があると聞いて感動した。さらに話は進んで、小野さんからは〝GOOD OVER 50's〟というキーワードをいただいた。50代以上の大人世代がいつまでも自分らしくあることのできる心豊かな暮らし方のことである。北欧には同様な考え方が根づいており、50代で家を建て替えるという。そのための家具も揃っていると聞いた。

日本ではまだまだ対応ができていないこの〝Design for Care〟の考え方を、いろいろな企業と組んで広げていこう。そして百貨店の役割として多くの顧客に知っていただこう。話はまとまった。翌年には池袋本店7階の催事場で「ケアリングデザイン展」を開催し、大きな反響をいただいた。展覧会は盛況のもと3年連続で開催された。現在はその考え方に基づいた「くらしのデザインサロン」という売場が常設され、暮らし方のアドバイスから具体的なリノベーションまで対応している。機能性はもちろんのこと、家具まで含めた空間全体のコーディネイトも承る。まさに新シニアライフをデザインするセンターとして、多くの顧客の支持を得ている。

私なりにデザインについて考え、実践する中で出会ったのが佐藤オオキ氏だった。折々で接点を持ちながら友好を深めていったが、あるときインテリアの部長から「ぜひネンドと自主MD開発をやりたい」と申し入れがあったのだ。自主商品の開発はファッションを中心に私がアイデアを出して進めることが多かったので、この提案を私は喜んだ。それから何度か現場とのやりとりがあって、ネンドの佐藤氏から提案を受けることになった。そのブランドが「by／n（バイエヌ）」である。14年にそのショップ「BACKYARD ｂｙ／ｎ」を西武百貨店池袋本店とそごう横浜店に出店した。翌年からは生活雑貨に焦点を当てた「ＢＹ／Ｎ ＳＴＯＲＥ」の出店を進めた。

それぞれのモノの歴史という縦軸を踏まえながらも、時代の気分を横軸として、シンプ

店作りの斬新さで注目された「BACKYARD by/n yokohama」

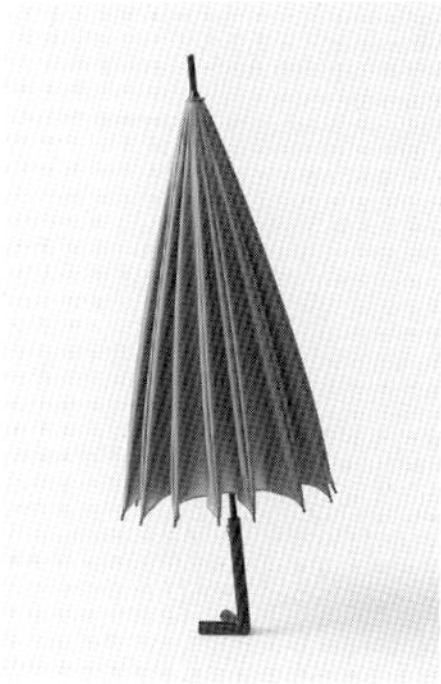

安定感に優れ、使う人のストレスを軽減する傘「ステイ・ブレラ」

nendoのデザインによるかわいくてスタイリッシュ、機能的な箸「ハナタバ」

ルでありながらちょっとした驚きのある品々が揃った。それは、まさに田中一光氏の切り拓いた〝セゾンデザイン〟の延長線上にあるコンテクスト・マーケティングであった。ショップデザインを含めネンドが提案した通りのショップが、主要店舗の個性化に貢献したことは言うまでもない。

［事例③］ジャパンクリエイティブ（JC）

２０１１年、商品部長として西武百貨店池袋本店の改装を一段落させて、久々にパリコレクションに出席すべくパリの街に私はいた。この時期のパリのホテルは驚くほど高くなる。そして予約が取りにくい。仕事に追われ、なかなか日程を決められなかった私は、中心から外れた窓枠も外れたホテルに宿泊していた。予定をこなしてホテルに戻ったが、仲間を誘って中心街に出る元気もなく、とりあえず簡単に腹を満たそうと外に出た。庶民的な街並みにはビストロもあるが、どうしても日本食に目が奪われる。分かっていたのである、やってはいけないことは。しかし、外装は何となく日本の小料理屋の雰囲気を出しているその店に、私は引き込まれるように入ってしまった。案の定、ひどい店だった。出汁をとっていない味噌のお湯割りとでも表示してほしい味噌汁に始まり、表現に絶する料理であった。

他の国ならともかく、フランスは世界の中でも最も日本文化を理解した国である。その始まりは19世紀末のこと、パリ万博での日本文化の紹介であった。花鳥風月はガレやドームの世界を広げ、浮世絵はモネの「睡蓮」やクリムトの「接吻」、そしてゴッホの数々の名作を生み出すエネルギーとなった。たまたま陶器の保護のために木箱の中に詰められていた「北斎漫画」を手にし、その素晴らしさを教えてくれたのもフランスである。なのに、どうなっているのだ。怒りがこみ上げてくる。食の問題だけではない、日本の産地の技術や伝統がしっかり伝わっていないのである。

一方、日本の全国の産地は多くの技を伝承しながらも、うまく世界に発信できていない。西武百貨店でも「伝統的工芸品展」という催事を古くからやっていて、いろいろな地方の卓越した技による工芸品を紹介してきた。現代の生活シーンに相応しくリファインされたデザインのものもあったが、技にこだわるがあまり価格対応力がなく、大きな売上に至らないものも多かった。この問題を解決するために立ち上がったプロジェクトが過去にあった。「ジャパンクリエイティブ（ＪＣ）」である。地方の工芸品を現代風にリファインして販売する催事で、渋谷店で立ち上がり池袋本店でも展開された。

このようなことをやりたいと思った私は、ＪＣブランドの登録商標権が残っているかを調べてみた。すると残っていたのである。しかし、過去と同じコトをするつもりはない。コンテクスト・マーケティングでの整理から始めることにした。縦糸は間違いなく、それぞれの産地にある伝統であり技術である。横糸は時代時代に求められた生活習慣であったり、美意識の変化であったりする。しかし、それら縦糸、横糸は、産地という閉鎖的な社会と空間から成り立っている。そのため、全国レベルにまで広まらないものが多いのである。横糸に海外のデザイナーを置いたらどうなるか、私の頭の中でもやもやとした考え方が浮かんでは消えていった。

話が具体化したのは、それから半年後のパリ出張のときであった。コレクションが一段落した後、田中一光氏の流れを継承している廣村デザインの廣村正彰氏とパリで合流した。そして話題になっていた村上隆によるベルサイユ宮殿での展覧会を視察に行く車内で、ＪＣの件をぶつけてみたのである。お互いに車好きなのでヨーロッパ車談議に花が咲いていたところでの突然のＪＣ話だったが、若干の沈黙の後、廣村氏はまったく同じことを考えていたと話し出したのである。私たちは車を降りてからも食事をしながら話し続けた。熱い議論は夜半まで続いた。

二人で決めた概要は以下の通りである。ＪＣでは日本の地方の産地の活性を根底に置く。その活性に向けた物作りのために、世界のデザイナー・クリエーターを募る。そして製品化のためには、企業の協力を仰ぐ。デザイナーが日本の産地に入る際には、ＪＣスタッフがサポートする。出来上がった製品については、ヨーロッパを中心に見本市などで広める。運営に当たっては企業協賛をいただくが、若干の手数料を製品売上からもらって運営費の足しにする。ここまで考えて私は気づいた。これは利益を追求する一企業がやる仕事ではない。むしろ、国がやるべき仕事であると――。

しかし、国に向かって吼《ほ》えていてもしようがない。公的な法人組織にするしかない。その場合、そごう・西武は協力企業の一社という位置づけになるしかない。となると、私がリーダーを務めるわけにはいかない。どうするか。「廣村さん、あなたしかいない」と持ちかけたが、廣村さんは「柄に合わない」とひたすら固辞するのだった。では、代表は社会性もあってデザインの世界にも明るい人にお願いし、リーダーはとりあえず廣村さんに受けてもらうということで、その場は収まった。

ＪＣを進めるに当たって重要なのは、このプロジェクトを世界に知らしめることである。しかし、どれだけ日本の産地がＪＣに期待と熱意を持ったとしても、やってみたいというデザイナーがいなければ話にならない。こういうときに生きるのが日頃のネットワークである。世界25カ国で出版されているインテリア雑誌『エル・デコ』が、まず頭に浮かんだ。すぐに、当時の編集長であった木田隆子さんにお願いに行った。木田さんはプロジェクトの主旨を話すと、それは素晴らしいとすぐに賛同してくれた。そして参加してくれそうなデザイナーを尋ねたら、立て板に水のごとく著名なデザイナーたちの名前が出てくるではないか。これでいける。私は大きくうなずいた。

残る重要な仕事は一つである。私たちの上に立って睨《にら》みをきかせてくれる人をどうするか。廣村さんから一人、名前が挙がった。しかし面識がある程度で、自信はないと言う。東大の名誉教授と聞いて尻込みした気の小さい私は、廣村さん一人で依頼に行ってもらうことにした。ほとんど諦めていた私のケータイが鳴った。お断わりされたので次を考えましょうという内容だと思い、低いトーンで出た私に、廣村さんは同じく低いさりげない声で「受けていただきました」とひと言。な、な、何と！　と舞い上がる私に、廣村さんは次の打ち合わせの日程を尋ねてくる。こういう人なのです。大きなこともしれっとこなす、悪く言えば感動の薄い人に見られるかもしれないが、常に謙虚で誰からも好かれる。でも、ここではもっと感動と興奮でしょ、と私は食ってかかった。

その人の名は内藤廣氏（1950年〜、横浜市生まれ、早稲田大学理工学部建築学科卒、同大学院修士課程修了、東京大学工学部土木工学科助教授、同大学教授、副学長を経て東京大学名誉教授）である。建築界のみならず文化人としても知られ、数多くの著作があり、東日本大震災からの東北復興へ向けた社会貢献活動など多方面で活躍している。芸術選奨も受賞され、日本デザイン振興会の評議員なども務め、デザインの世界にも明るい。

内藤氏がＪＣの機関紙に投稿した文章を引用したい。「もともとわが国の習俗の中には、民俗学者の折口信夫が述べたマレビト信仰がありました。マレビトは異界からやってきた人のことです」と前置きして、次のように述べている。

「わが国のクリエイティブに未来はあるのでしょうか。わたしは『ある』と思っています。ただしこれは、マレビトがわが国の物造りの中に見出したものに、われわれ自身が触発され、足下にある文化の土台の素晴らしさに気付くかどうかにかかっています。物造りの精神は脈々と引き継がれています。しかし、それは日常生活の中ではとても見えにくいものです。ともすれば、わたしたちは物造り精神の上に胡坐をかいて日々を暮らしているのです。マレビトたちは、見えにくい物造りの精神を、鋭い感性でプロダクトの表現に引き出して見せてくれます」。そして「マレビトとわが国のプロダクトを結び会わせるというJapan Creativeの活動によって生み出される場は、マレビトを驚かせ、製作する職人を驚かせ、同時にわれわれ自身が驚かされる新たな体験を提供しつつあります」と語っている。

ミラノ・デザインウィークでの展示（写真上は2017年、下は18年）。画像提供：Nacasa&Partners

引用し切れなかった部分には、内藤氏の日本文化に対する深い造詣が語られている。これを読んだときに私は、ＪＣの進むべき方向が見えたと確信した。

今日に至るまでＪＣの活動は、ミラノ・サローネなど海外の展覧会に出展するなど10年を迎える歴史を刻んできた。協力企業、参加デザイナーもかなりの数になってきているので、ぜひ公式サイトでその活動を確認していただきたい。

ライフスタイルの文脈

生きる核を豊かに

　これまでひも解いてきた1975年からの西武百貨店のマーケティングの歴史は、クリエイティブの歴史であったとともに、ライフスタイル追求の歴史でもあった。池袋本店の9期大増築はライフスタイルを追求するという宣言であり、まだまだ発展途上にあった日本のマーケットに対して、行動消費の視点から言えばドレスや毛皮を着る場を提供したり、スポーツ・レジャーを楽しむ方法論を提供したりした。またセゾングループとしては〝生活総合産業〟を標榜し、多岐にわたるライフスタイルへ向けた事業を展開した。この新しいライフスタイルに対応したり、創り出したりするプロセスによって、われわれは苦しみもがき鍛え上げられてきたと言える。まさにセゾン・マーケティングとは、ライフスタイル開発の技術だったと言っても過言ではないと思う。

それから時代を経て成熟期を迎えた現代において、いよいよライフスタイルの開発が百貨店の生き延びる手段として迫られてきている。この課題に対して私が出したいくつかの答えとそのプロセスを紹介させていただきたい。

［事例①］アベックモード

高齢化の進展は誰にも止められない現実として、全ての産業に影を落としている。人口減少により進む人手不足、胃袋の減少が与える外食産業へのダメージなど、影響を数え上げたらきりがない。しかし、単に憂いを唱えているだけではしようがない。ポジティブにマーケットを捉えていかなければ、と自分を奮い立たせた。

打ち合わせの帰りにふらりと寄ったそごう横浜店でおもしろい話を聞いた。２０１３年のことである。自主商品が増えた横浜店では、壁面で囲まれたブランドごとのブティック街を改装し、囲いのない大きな売場（平場）にしたところであった。担当者と話すと、売上は好調だと言う。その話の後に、顧客から喜ばれたという話を聞いた。「シニアの女性が夫と一緒に来やすくなった」と言うのである。平場にしたことで商品が見やすくなったという話なら分かるが、そこに夫という存在が入っているのはどうした理由か。聞き込んでみると、ブティックは囲まれ感があって夫としては店内にいづらい、それに対して平場はその圧迫感がないからよい、というような内容であった。

私はぼうっと考えた。百貨店は利益効率を上げるために婦人衣料の売場をどんどん拡大した。いじめられたのは男性が時間潰しできる場であった。しかしゴルフ用品売場にはパットを試せる場もなく、カメラや鉄道模型などの売場も姿を消した。時間を潰せる場の代表と言える書籍売場も縮小されたり、なくなったりしている。一緒にいるしかないのである。

この話からは、百貨店がもっと楽しい場所にならなければとか、テナント揃えのあり方とかの話に発展させるのが正当な流れであろう。しかし、私は〝一緒にいる〟というところに引っかかった。夫は仕事一途で働き詰めてきた。壮年期には24時間働けますかと問われ、栄養ドリンクまで飲まされた。そしてやっとのことで定年したら、家に居場所もない。暇なので妻の買い物にも着いて行く。何だか哀しい現実である。売場の周りを見渡すと、熟年カップルの多さに気づいた。このマーケットを捉えなければならない。私のマーケティング魂が揺さぶられた。ならば、まずは顧客の声を聞け。いつもの原則である。売場担当部長に、顧客のお悩みやご要望を聞くように頼んで、店を後にした。

数日が経って店から情報が上がってきた。ところが、なくなったブランドの話とか、欲しい商品がないとか、空調が悪いとか、情報をまとめるとおよそこんなものだった。池袋本店で直接、販売員に聞いてみることにしたが、予告すると話が編集されてしまうので、ふらっと行ってみることにした。ミセスの平場には何人かの販売社員がいたので、雑談風に話しかけた。自慢ではないが私はこれが得意である。わりとするっと会話に溶け込める技なのだが、要はあまり偉い人に見えないので気軽に話してもらえるのである。

何人かと話しているうちに、すごい情報をつかんだ。それは夫が定年した妻の話であった。「一緒に出かけるにしても、ファッションが合わなくて恥ずかしい」「ジャケットを買いに行ったら、自分のものと大して変わらないのに、夫のものは高い」。この話に私は極めて激しく反応した。夫婦の時間ができて美術館や映画館などに出かける機会が増える、しかし夫のセンスが……という問題である。カジュアルフライデーを導入したら、皆がゴルフウェアで出社してきたという話を思い出した。もちろん、百貨店にはその場に相応しいカジュアルな服が揃っている。しかし売場で商品を手に取ると、何と高いことか。ここなのである。現役時代なら少々高くても「お父さんが稼いでいるから」となるのだが、稼がないお父さんは少なくとも自分と同等のものが相応しい。ちょっと哀しいが、理に適った話でもある。

そこを何とかしてみようと、私の頭は動き出した。最大の課題は価格である。ジャケットで比較すると、婦人物に比べて紳士物は1・5倍から2倍はする。それにはもちろん、理由がある。メンズの場合、われわれは打ち込みと言っているが、生地がしっかりしているので、まずは生地単価が高い。そして、パターンメイドスーツの項でも述べたが、仕立ての工程数が違う。紳士服にはいくつもルールがある。例えば胸、特に鎖骨のあたりにくぼみができてはいけない。ピンと張っていなければいけないのである。ここに高級スーツでは本バス毛芯という馬の尻尾の毛を入れる。そこまではいかなくとも、百貨店で売っているスーツは、ラペルという襟の部分に、基本的に表生地を部分的にすくいながらウールの芯を芯地に留めるハ刺しと呼ばれる手法を使う。もちろん手作業になり、ここには職人の作業賃が乗ってくる。ローコストで作るカテゴリーキラーの紳士服店はこれを嫌い、合成繊維の芯を接着する手法を採っている。私は接着芯が全部悪いと言うつもりはない。イタリアのブランドスーツでも、平気で接着芯を使っているものがあったりもする。

何が言いたいかというと、スーツに限らず物作りには必ず、使う人には気づかれないこだわりの工程があり、それが結果として商品を凜と引き立たせている、ということである。ただ、そのこだわりの効果と支払われる対価を天秤にかけたときに、果たしてそれは必須なのか。私はこの問いかけを、百貨店の紳士ジャケットに対して行ってみた。定年夫はすでに役職もなく、別に会社に行くわけでもない。鎖骨部分の張りに必要以上にこだわる必要もない。つまり、現状の紳士ジャケットはオーバースペックなのである。私は、素材や仕立ての丁寧さには妥協せず、カジュアルに着こなせるジャケットを作るべく、作業工程を見直した。そして、200とも言われるスーツの作業工程を、ほぼ半分に減らせることが分かった。それは婦人ジャケットの工程数に近かった。「早く言ってよ」。思わず私はつぶやいた。

婦人ジャケットの物作り工程で紳士ジャケットを作る。そうすれば、同じ価格で販売できる。素材も共有できるし、工場も一つで済む。話は決まった。そこで、もう一つの課題と向き合った。妻との雰囲気（テイスト）の一体化をどうするか。バイヤーたちとの議論が始まった。同じデザインソースを使うことはもちろんだが、同一素材を使うことで完全なお揃いになることは避けたい。かつてハワイで新婚旅行のカップルが同じ柄のムームーとアロハシャツのペアルックをしていたのを思い出した。そこまではいかない「さりげない、おそろ感」——コンセプトを打ち出すと、皆が同感してくれた。

次に詰めるのはオケージョン、つまり〝場〟の問題である。ここでいよいよコンテクスト・マーケティングの登場となる。長年寄り添ってきた夫婦の歴史を振り返ると、同じ家計で暮らすことで醸成された価値観、子育てや家屋の購入などで経験した出来事、休暇の家族旅行の思い出の数々……かなりしっかりとした縦糸が見えてくる。横糸となるのは、退職して時間ができたことで始めた趣味、働いていた頃には見過ごしていた価値観、夫婦一緒に観た映画や芝居での感動……。これら縦糸と横糸で織りなしたコンテクスト・マーケティングのテクスチャーを皆で共有し、何度かブレストを重ねた。

結果、三つのシーンを想定した商品を開発することを決めた。一つは、旅行である。しわにならない、二人の荷物がまとめやすいなど、機能面にフォーカスした。二つ目は、美術鑑賞や観劇である。これは少し高級感が必要で、言ってみればゴージャスでちょっと気どった気分の演出に注力した。三つ目は、ワンマイルである。近所にちょっとお出かけするときの、さり気ないカジュアル服だ。カジュアルでありながら、二人のセンスが光る逸品でなければならない。試作品が上がるたびに議論をし、工場と行ったり来たりで商品は見えてきた。

次に売場作りである。あまり重たい高級なショップではなく、天井が高く明るいリビングのイメージでまとまった。中央にはゆったりとしたソファがある。鏡は二人並んで映ることはもちろん、引いて全身を見られる距離をとった。人から見られたときの印象を確認できるようにするためだ。

ここまではできた。最後に困ったのは、ショップのネーミングであった。かつて「カップルズメッカ」という売場を作ったことがあったが、これではイメージに合わない。コンテクストシートを持ち出してじっくり考えた。縦糸を手繰っていけば、二人の記憶にはヌーベルバーグを含めたフランス映画のシーンが必ずあるはず。フランスはパリと言えば、パリコレクションに象徴されるモード（流行）の発信地。そして二人はアベック……そうだ、「アベックモード」だ！　ちょっとレトロなそのネーミングを使おうとしたブランドはなかったと見えて、商標権は簡単に取れた。そして14年、いよいよオープンとなったのである。

開店準備が進む中、私はバイヤーたちから声をかけられた。「松本さん夫妻が初日に買い物をしてくださいよ」——思いもかけないひと言に困惑した。百貨店社長の妻の買い物。これには多くの伝説があるからだ。バーゲンばかりに来る、無理やり駐車スペースを空けさせた、最悪なのは社長夫人よと自ら名乗って売場にクレームをつけた……。もともと妻は人前にしゃしゃり出るタイプではないのだが、私が社長になったときに、買い物は謙虚に、そして控えめな態度で、なるべく会社の関係者ではない素振りで、と話してあった。

それなのに何で？　これが妻からの問いかけであったが、自ら夫婦をテーマにショップ

店頭ではテイストを揃えた男女ペアのコーディネイトをオケージョンに合わせて提案

売場内はレディスとメンズを対比して配置し、２人用の鏡も設置。ペアで選びやすく、買いやすく

カップルでコーディネイトを確認できるバーチャルフィッティングやプロカメラマンによる記念撮影なども実施

を作った以上、逃げるわけにもいかなかった。

当日は娘を連れてショップを訪ねた。こんなに緊張して売場に行ったことなど、長い社歴の中でもなかった。妻も同様で、アベックモードに着くと、二人で二つのスタイルを薦められるままに購入したのである。他にもと妻には薦めたが、それ以上の要求はなかった。ところが、レジカウンターに行くと山盛りの商品がたたまれて積み上がっていた。振り返ると、満足げな娘の顔。コンセプトと違うだろうと怒鳴るわけにもいかず、清算をする羽目になった。漁夫の利という言葉が正しいのだろうか、すっかり散財させられた一夜であった。

その後、毎月22日を夫婦の日として、プロカメラマンが記念写真を撮るという、まさに〝コトを起こしてモノを売る〟企画も奏功し、ショップは好調に推移した。

［事例②］ハニカムモード

別に「はにかんでいる」わけではない。「ハニカムモード」は2014年に立ち上げたブランドだが、この名前に至ったのには深い事情があった。

百貨店の共通の悩みは、顧客の高齢化である。ファッションにおいては、価格帯の問題もあるが、駅ビルやショッピングセンターに若年顧客は取られてしまっている。中元・歳暮という百貨店の看板であるギフトも若者にはどこ吹く風だし、部屋の模様替えに家具を買うときには外資の家具専門店などが頭に浮かぶ。百貨店に相応しい年代になったときに、果たして利用してもらえるのだろうか。百貨店人は頭を抱えるのである。

少し前の話ではあるが、図らずも若者を惹きつけるショップができたことがある。このショップが誕生した背景には様々な事情があるので長くなってしまうが、その要点を押さえたうえで、ハニカムモードにつなげていきたい。

池袋本店の化粧品売場の全面改装のときのことだった。化粧品売場の改装は、なかなか骨の折れる仕事だ。ブランドのレイアウトを決定するのが、とても大変なのである。売場には入り口の近くであったり、エレベーターの前であったり、人通りの多い通路沿いであったりと、売れる場所がある。大きさをどうするかという争いもある。他にも隣り同士になることを嫌がるなど、何だかんだと大変なのである。調整に手間がかかり、サービスのあり方や心地良い売場作りなど、百貨店が本来やらなければならないことが疎《おろそ》かになりがちなのだ。

当時、商品部長だった私は、バイヤーとともに外資系の化粧品会社との膝詰め協議など諸々の調整に追われていた。そんな中で池袋本店で会議があり、ひと通り商品レイアウトの話が済んだところで池袋の店長から「これではブランド化粧品が並んだだけで、池袋西武としてお客様を惹きつける特徴がない」という発言が出た。痛いところを突かれた。まさに私が気にし続けていたことだったからだ。外資の化粧品ブランドの調整等に追われ、重要なことがないがしろになっていた。しかし、言いわけをしてもしようがない。私と同期のこの店長は普段は穏やかなのだが、ときどきズバッと本質的なことを言う。この発言を正面から受け止める決意をして池袋本店を後にした。

池袋本店化粧品売場の特徴、何を目玉にするか……悩ましい問題である。商品部で女性バイヤーを集めてブレストをした。売場環境の整え方やポイントサービスの付加などの案が出たが、どうも違う。最後のほうで肌診断サービスの話が出たが、これには苦い思い出があった。有楽町店を「ビューティー館」にしたときのことである。私は本部の営業企画セクションにいたので、直接は関わっていないのだが、なかなかユニークな試みで、西武らしさがふんだんに出ていた。

他に例を見ないその館は、ビューティーという領域で考えられることにはことごとく挑戦していた。美の追求は肌の本質的改善から始まるとして、通常であれば上層階に持っていく皮膚科の医院を、2階のゴールデンスペースに設置した。今ではどこにでもある韓国化粧品をいち早くデビューさせたり、まだあまり知られていなかったオーガニック化粧品を紹介したりもした。チャレンジングな館のサービスの目玉の一つが、肌診断サービスであった。美容技術を備えた女性たちが、最新の肌診断機を使って顧客の肌状況を無料で分析する。肌に含まれる水分量や油分から、相応しい化粧品を紹介する。肌状況に問題があれば、隣接の皮膚科に案内する。オープンから大行列ができ、完璧なモデルだと思った。ところが、しばらくするとすぐに入れるようになり、数年後には肌診断機にカバーが掛かっていた……。

過去の失敗に思いを巡らせ、困り果てた私は、いつものように顧客に聞くことにしたのである。このときはアンケート調査を実施した。普通は売場で顧客に話を聞くのだが、化粧品売場はブランドごとに構成され、これを横断的に担当している社員は少なく、忙しいお取引先の美容部員の作業を増やすわけにもいかない。そこでメンバー顧客に対してインターネットでアンケート調査を行ったのだ。ブランドごとの化粧品売場に満足しているのか、今使っている化粧品に満足しているのかなど、困り事を中心に問いかけた。いつものことではあるが、留意したのは、顧客に新しいアイデアを求めてはいけない、ということである。困り事を解決するアイデアを出すのはこちらの仕事なのである。

さて、アンケート集計が終わり、顧客の回答にコメントが付けられた資料の説明を受けた。皆がそれぞれに意見を述べたのだが、私が気になったのはただ一点だった。今使っている化粧品に満足している人が8割いるのに、もっと自分に相応しい化粧品があるのではないかと思っている人が9割を超えていたのだ。この9割のお客様は、どのようにして自分に合う化粧品を探しているのだろうか……。この先は自分の足でつかむしかなかった。

しかし、売場インタビューがいかに得意な私でも、婦人肌着と化粧品だけは二の足を踏んでしまう。だからといって、仮説を持って聞き込んでいくインタビューを人任せにしてしまえば、私が望む結果は出てこない。そこで女性雑誌の編集者、イベント企画会社の女性、美術仲間の女性など、あらゆるネットワークを駆使して、女性顧客へのインタビューを実施した。そして何件かの実に価値のある情報を得たのである。

件《くだん》の8割・9割というアンケート結果に対する感想を聞くと、「そんなものでしょ」と皆がそっけない反応で、「だから大変なのよ」「美の追求には妥協はないからね」とコメントは続いた。「で、どうするの?」とさらに聞き込む過程で、徐々に彼女たちが本当に感じていることが分かってきたのである。

百貨店で化粧品を買っている人は、そのブランドの美容部員の馴染み客になっている。「もうすぐ乳液がなくなりますね」といったメッセージや、新商品におまけが付いたお買い得情報などを手書きのDMやLINEなどで受け取っている。基礎化粧品はもって3カ月なので、購入して2カ月ほど経つと担当美容部員から何らかのメッセージが届く。このような関係を持ちながらも、他のブランドに換えたいという欲望が湧き上がっているのである。

他のブランドのサンプルを試してみたいのだが、そのブランドは売場が隣り合わせだったりする。馴染みの美容部員にあいさつをされながら、隣りのブランドを試すわけにもいかない。面倒だけれど、いつもは行かない他の百貨店に足を運んで、サンプルをもらったりする。するといろいろアプローチをされて、面倒なことになる。いつもの百貨店で買いたいのは、その百貨店のポイントカードがあるから。換えたいのに、諸々の面倒さから換えられない。これが8割・9割の所以《ゆえん》である。

この取材を通して、私は答えをつかんでいた。ブランド集積から離れたところに全ブランドを試せる駆け込み寺があればよい。そこで適切かつニュートラルなアドバイスがもらえれば、なおよい。その軸として肌診断がある、というアイデアである。

しかし、有楽町で一度失敗した肌診断に再挑戦する意味は、果たしてあるのか。失敗から学ぶべく、私はビューティー館の担当者たちへの取材を試みた。こういうときは、いろいろな立場の人に聞くことが大切である。人間は過去の自分の至らなさを、そう簡単には認めない。だから売上が悪くなると世の中が犯人になる。それと同じ状態で忘れられていたビューティー館について、改めて現場の声を集め、総括・反省する必要があると思ったのである。

多面的取材からはいくつかの答えが導き出された。失敗の原因その一は、肌診断コーナーには責任者が不在であったことである。その二は、労働条件に配慮がなく、優秀な美容部員が他に引き抜かれていた。その三は、売上が悪くなったことにより、肌診断から化粧品売場への誘導の強化が指示されたことである。三番目が最も重要だと私は理解した。

この総括と反省を踏まえ出来上がった駆け込み寺は、「キレイ・ステーション」と名づけ、化粧品売場に隣接させた。大きなラグジュアリーブランドが売場に張り出した構造になっているので、化粧品売場からキレイ・ステーションの出入り口は見えない。入り口を入って奥には3台の最新鋭の肌診断マシーンが配備され、それぞれが間仕切りされている。肌診断はクイックとフルタイムの2コースを設け、ネットでの予約制にした。十分な経験を持ったそごう・西武の美容部員が配備され、係長も任命された。何よりの特徴は、各化粧品ブランドのサンプルと一部はミニボトルも用意され、売場への誘導は絶対にしないということだった。このステーションのミッションは顧客の問題解決であり、売上責任はいっさい持たないと決めたのである。

10年4月7日のオープンまもなく、図らずもネットで高評価が拡散し、予約は1カ月近く先までいっぱいになった。一部には「これだけコストをかけて1円の直接売上も上げない」と批判もあったようだが、キレイ・ステーションの効果もあって池袋本店の化粧品売上は伸び続けている。ただし、誤算もあった。百貨店の化粧品の対象年齢は30代からだが、利用者の約半数が20代だったのだ。無料で肌診断をした後、近所のドラッグストアで間に合わせる人も多く含まれているのかもしれない。しかし、それでもいいのである。

しばらく経って、その後の様子が気になってキレイ・ステーションを訪ねた。係長は不在だったが、とても感じの良いリーダーが、相変わらず盛況で金曜の夕方の予約は1カ月先までいっぱいだと言う。リピート客も多いとのこと。「若い人も百貨店のお客様になるね」と言葉をかけると、「他の業態で買ったとしても、必ずこの店に帰って来てくれると思います」との答えだった。「売上にならないのに、なぜ皆、頑張っているの？」と尋ねると、「お客様に役立っていること、それが私たちのプライドです」と答えてくれた。胸が熱くなった。

心ならずもヤング顧客の動員に成功した話が長くなってしまった。しかし、そうさせるほど百貨店では難易度が高く、めったに成功事例のないことなのである。

このような経験もあっただけに、私は化粧品だけでなく若い層を捉えたいと思った。ヤングのライフスタイルショップである。しかし、駅ビルやショッピングセンターによくある衣料品店のように、少し雑貨を置いてライフスタイルショップだと標榜するまやかしは嫌だった。コンテクスト・マーケティングは動き出した。

チェーンストアの神様と言われた渥美俊一氏から、「豊かさとは多くのライフスタイルを持つことである」と教わったことがある。お金持ちがマニアックな高級外車を所有し、森を散策できる別荘を持つ。会員になっているゴルフ場の何件かを毎月回り、絵画のコレクションもする。絵に描いたような豊かな生活では、お金のかかる四つの趣味が同時に実現されている。しかし、その四つがそれぞれライフスタイルですよと言い切られると、ちょっと待ってくださいと言いたくなる。ライフスタイルとは生き方の核になるようなものであり、コンテクスト・マーケティング的に言えば縦糸がしっかりとしていることである。お金があれば買い換えられるものではなく、そう簡単にはブレないものなのだ。

ある婦人雑誌の特集を思い出した。「30代になったから選ぶ一生モノ」というタイトルであった。選ばれたモノは、ロレックスの時計だったり、バーバリーのコートだったり、エルメスのガーデンピクニックというバッグだった。いま一つ捻りが足りないような気がしたが、この一生モノを選ぶタイミングとして30代を設定していることが気になった。ブレない縦糸がないと高額品を買ってもすぐに飽きてしまう、そういう失敗のない世代が30代という考え方に何となくではあるが賛成したのである。

また、本が売れない時代とされるが、「あの人のひと言」など、いわゆる生き方を説いた本のターゲットは20代だという。何だか符合する。ざっくりまとめると、いろいろな生き方に憧れる吸収期は20代で終わり、30代にはだいたい固まるということだ。コンテクスト・マーケティングの視点で見れば、20代までに縦糸は強固になり、折々の経験＝横糸と交わることによって、個性を備えたテクスチャーになっていく。それこそがライフスタイルの構築の瞬間ということになる。

20代顧客がライフスタイルを構築していくお手伝いをする売場を作ろう。コンセプトはできた。私の頭の中でコンテクスト・マーケティングの具体的な作業が加速した。当時の20代は、狭義で言うところのゆとり教育世代の手前、詰め込み的教育に疑問符が投げかけられた後の世代。教育側のいろいろな配慮をよそに、いじめなどによる引きこもりも多い世代であった。デジタルネイティブであり、手のひらに多くの情報が載っている。親などの上からの正論には響かなくても、仲間のひと言で考え方を変えたりする。3・11からの大きな影響もあって、ボランティアへの意識が高く、エシカル（倫理観）志向も強い。しかしこの縦糸は時に太くなり、時に細く頼りなくもなる。しっかりとした横糸を提供することが、われわれの使命なのかもしれない。では、どんな横糸が必要なのだろうか。

これについては残念ながら、聞ける顧客は乏しく、聞ける社員も少ない。やや若手と言えるバイヤーを集めてブレストをした。テーブルに何もないブレストも何なので、20代向け雑誌のタイトル一覧を用意した。領域はファッション、雑貨、食、アート、エンターテインメント、書籍であった。ただ、六つの領域はあっても、そこにリゾームのようにつながる感性のネットワークが必要である。私は外部のファションデザイナーやプロダクトデザイナー、システムエンジニア、雑誌編集者、ブックセレクターなどから情報を集めた。縦糸と横糸を織り上げていったのである。

その作業を経て出来上がったのが、〝ハニカムモード〟というコンセプトだった。感性の鋭い20代が、ファッション、雑貨、食、アート、エンターテインメント、書籍という六つの辺で作り上げる六角形からなるライフスタイルを意味している。つまり、蜂の巣のようにそれぞれの辺で誰かとつながり、好個《こうこ》なネットワークを築き上げる。まさにハニカムモードなのである。

このショップは衣料フロアで展開したが、売場の中心にはキッチンを置いた。全てを生み出す源は食にあり、健康志向は外せないキーワードだからである。ファッションも普通ではなかなか手に入らない「海外デザイナーの一点物と出会える」というコンセプトで品揃えをした。アートも取り入れた。当時話題になり始めていた書家と協業し、その文字をデザインに組み込んだ衣料を自主制作したのである。さらに、ブックセレクターが選んだ人生に影響を与える１００冊の本も揃えた。

池袋本店では水まわり等の関係で中央キッチンが売場の角地に配置されたが、その他はコンセプト通りの品揃えでショップはオープンした。キッチンでは食を提供したわけだが、特に当時は出始めであったスムージーを目当てに来店する20代顧客でカウンターはいっぱいになり、ハニカムモードは盛況なスタートを切った。デザイナーの一品物もネットでの拡散により、瞬く間に売れる人気商品まで生まれることになった。何よりうれしかったのは、若い社員たちが生き生きと仕事をしてくれたことである。その姿は将来にも百貨店を元気に生き続けさせるという決意にも見えた。

一点物の服やコラボ商品など“発見”のあるMDが特徴。売場内にキッチンも設置

［事例③］アットオフィス

きっかけは2015年に成立した「女性の職業生活における活躍の推進に関する法律」、いわゆる「女性活躍推進法」である。労働力不足も背景に、結婚・出産などの折々で負荷のかかる女性を働きやすくしよう、そしてその仕事をしっかりと評価し、1割程度と言われる女性管理職を増やそうという法律である。実に正しいけれど遅くない？　という世論をものともせず議論は進み、助成金なども用意された。だが、その後は何だかという残念なムードに包まれていた。そんな頃の話である。

西武百貨店は、男女共通の評価基準を備えた給与水準などの重要な課題を除けば、女性にとって働きにくい職場ではない。前にも触れたが、1979年の「女性の時代。」という宣言はとんでもなく早かったし、ショップマスター制度なども女性に活躍の場を与えた。また私が商品部長を務めていた2010年頃から特に顕著になったが、女性バイヤーの数は他社にひけをとらない。

その背景には、西武百貨店が伝統ある百貨店と比べて顧客サービスの基礎が弱かったことがある。後発で歴史の積み上げもないため顧客最優先の暗黙知も乏しく、新しい挑戦には血道を上げるものの、店頭を重視していたとは言えなかった。では、その時期に誰も何もしなかったのかというと、そんなこともなかった。

シスター制度というものがあった。売場ごとに〝シスター〟という経験豊富な女性社員がいて、売場の規律を統制していた。伝票などのルールに従った起票の仕方であったり、接客用語の徹底であったり、ラフになりがちな服装に対する指摘であったりと、昔の学校の風紀委員とでも言うべき存在である。ただ、彼女たちがその後、マネージャーになって経営層に昇り詰めたかというと、実際はほんの一部であったと言わざるを得ない。

女性活躍推進法ができるまでは、女性活用という言葉がよく使われていた。これには女性管理職層は皆、抵抗感があったようだ。〝活用〟というのは明らかに上から目線で、上には男性がいるという前提を含んでいる。これを配慮しての〝活躍〟であることは、男性陣は容易に理解した。しかし当時（現在もそうだが）、本当に活躍できる環境が整えられていたかと言うと、答えは否である。結婚・出産・子育てに関わる生活まわりのことについては、最近取りざたされているイクメンもいたにはいたが、西欧に比べればまだまだだった。世の中全体の問題ではあるが、自分が在籍する百貨店として何を為すべきか、私は考えた。そしていつものように、縦軸・横軸からのアプローチを試みたのだった。

そのときに気づいたのが、仕事という世界に限定すると、縦軸は意外と短いということである。仕事という概念を外せば、アダムとイブまで遡《さかの》るまでもなく、女性がいなければ人類は存続できないのだから、女性の存在・尊厳には何人《なんぴと》も異論を差し挟まないだろう。西洋に目を向ければ、イエスの誕生もマリアがあってのことである。女性の存在が前面に出たのは、黒死病（ペスト）が流行し、ヨーロッパの人口の3分の1を減らすほどの猛威を振るったルネサンス時代のことだった。聖母子像が盛んに描かれたことからも、それは理解できる。ただこの段階では、やさしい眼差しとしての母性に癒しを求めたのであり、〝活躍〟とはほど遠い。その後は魔女狩りという女性にとって最もおぞましい事件が起こっている。魔女とは15世紀頃に生まれた概念で、キリスト教の破壊を企む背教者（悪魔）と結託した者を指す。魔女狩りは18世紀まで続き、処刑された女性は6万人とも言われている。

ヨーロッパには、ファム・ファタル（魔性の女、宿命の女）という捉え方もある。このもとになっているのは、新約聖書に出てくるサロメである。ギュスターヴ・モローの絵画でも有名な、洗礼者ヨハネの血の滴る首を持つアレである。有名どころではクレオパトラ、フランスの作家プロスペル・メリメが描いたカルメンが、ファム・ファタルとして知られる。

この言葉が流行り始めたのは19世紀末、いわゆる〝世紀末〟の時代である。イギリスでは切り裂きジャックによる連続殺人事件が起こるなど不気味な不安感に覆われ、フランスの作家ユイスマンス（1848〜1907年）の『さかしま』に象徴されるデカダンス（退廃）的終末観が漂った時代であった。この時代をしたたかに生き抜いた女性たちも存在した。例えば、アルマ・マーラー（1879〜1964年）。オーストリアの作曲家グスタフ・マーラーとの結婚に始まり、バウハウスを創始した建築家ヴァルター・グロピウス、そして画家オスカー・ココシュカと、数々の男性遍歴を重ねた。まさに宿命の女であろう。時代は少し下って、ダリの妻にしてモデルとしてインスピレーションを与え続けたガラ・エリュアール（1894〜1982年）も、ミューズにしてファム・ファタルであったと言えるだろう。彼女たちの生き様を〝活躍〟と言ってよいのかは判断に迷うところだが……。

角度を変えよう。ファッションにまつわる歴史ではどんな女性たちがいただろうか。1852年に初めての百貨店「ボン・マルシェ」がパリに誕生した。創立者はアリスティド・ブシコーとされているが、その構想を作ったのは妻のマルグリットであったことは有名な話である。ただ、この時代はまだ女性が前面に出て活躍するには早すぎた。それは、ウエストをキュッと縛り、針金でボリュームをつけた長い丈のスカートのせいでもあった。女性の仕事着が誕生したのは、男性が19世紀にロンドンのサヴィル・ロウで発祥したスーツを着て闊歩した時代からはずいぶん遅れた、20世紀に入ってからのことであった。

女性の仕事着を作ったのはココ・シャネル（1883～1971年）である。女性をコルセットから解放した1926年のリトルブラックドレスに始まり、その30年後にジャケットと膝丈のスカートからなるシャネルスーツを発表。見た目はシンプルだが、紳士服の生地だったツイードを使うなど、斬新な発想が随所に盛り込まれた女性のためのスーツである。女性の社会進出が増加していたアメリカで支持を獲得した。以降、女性のビジネスウェアとして市民権を得るまでには時間がかかったが、徐々に浸透していったのである。女性のスーツの歴史は比較的短いが、その中でも横軸としての流行はあり、タイトスカートやフレアスカート、プリーツスカートなどデザインバリエーションもできていった。さらに動きやすさが追求され、ジャケットにスラックスを合わせるスタイルも一般化していったのである。

女性を巡る縦軸を見てきて、オフィスシーンにおける婦人スーツの自主商品開発を始めることを決めた。そのためには何を為すべきか、観察と取材が始まった。もともと婦人スーツは、百貨店婦人服の主力商品だった。ビジネスシーンでの着用は当然として、入卒園に始まる式服としても重要な領域である。また、フレッシャーズ（新社会人）のマーケットもかなりあった。ところが、価格対応の紳士服専門店が女性のフレッシャーズスーツを低価格で提供する中で、百貨店の新社会人向けスーツは精彩を欠いていた。

私は悶々と考えを巡らせていた。そんなある日のこと、取引先を訪問した私は、廊下ですれ違った女性マネージャーを紹介された。名刺を差し出すと、その女性は「今、持ち合わせていなくて……」と受け取るだけであった。これだ！　私はひらめいた。女性は一般に、ハンドバッグの中に名刺入れやケータイ、ハンカチ、化粧まわりのものなどを入れている。しかし、会議などで社内を移動するときにいちいちバッグなど持ち歩かない。したがって、突然の名刺交換はできない。男女雇用機会均等法が施行されて久しく、女性活躍推進法までできるのに、女性の仕事着であるスーツの機能が革新されていない。女性への取材が始まった。

当時、女性のジャケットには基本的に内ポケットがなかった。これには理由がある。シルエットの問題である。バストラインをきれいに見せるためにダーツがとられていることが多く、男性と同じところに内ポケットを切るわけにはいかない。そのため、社内移動の際にケータイや筆記用具、手帳など必要なものは外ポケットに無造作に入れているのだ。男性でもパリッと見えるビジネスマンは、上着の外ポケットに物を入れたりしないのに、である。服としてはシルエットを大事にしていながら、着用し行動する姿は何とだらしなくなってしまっていることか、と思ったのである。

手当たり次第に女性に聞いて回ると、「だって、しようがないでしょ」と諦めの返答が相次いだ。なぜ諦めるのだ、女性よ立ち上がれ！と何だか変に力が入ってきたのだが、「冷静に考えよう」ともう一人の自分がなだめた。解決策を一つひとつ考えることにした。

まず、すれ違いざまの名刺交換について。突然の名刺交換では、せいぜい5人分の名刺があれば十分である。名刺5枚の重さでシルエットが崩れるわけもない。ならば、内ポケットの位置はウエスト脇まで下げればよい。もしかしたら、斜めに付けたほうがよりシルエットに馴染むかもしれない。5枚ほど入る名刺入れなど販売されていなかったので、ならば作ればよいと考えた。革だと重いので布で作ろう。基本的な構想ができ、試作を始めた。

しかし、問題はまだ解決していなかった。ケータイや筆記用具、ハンカチ、リップなどの小物の始末である。考え抜いた末、インナーポシェットというアイデアに行き着いた。

ジャケットの内側に隠れるようにポシェットを下げるのである。ケータイをはじめとする小物は結構な重さになり、内ポケットに収まるだけ入れると上着のシルエットを崩してしまう。であれば分離すればよいと考え、肩から斜め掛けのポシェットの開発が始まった。

外ポケットはスマホ＋α程度の厚みにし、それとは別にリップやペン専用のポケットを付ける。この試作は何度も行った。ポシェットの紐は付け替え可能にし、素材も革やメタルのチェーンを使うことでアクセサリーになるものにした。試作の過程では、女性バイヤーたちからも「チェーンではなく、ウエストに挟み込むような留め方はできないか」など次々とアイデアが出てきた。

縦軸のコンテクスト・マーケティングでは、このように様々なアイデアが機能として収《しゅう》斂《れん》されていった。それだけに、強い横軸が必要になった。それまでジャン＝ポール・ゴルチエ氏や高田賢三氏と自主商品を開発した経験があったので、海外に目を向けてみた。ファッションの歴史という縦糸をたどると、今の婦人スーツの原点を生み出したココ・シャネルに行き着くが、すでに他界している。では、シャネルを引き継ぎ、支えているデザイナーは誰か。ファッション界の大御所であるカール・ラガーフェルドだった。だが、そう簡単に動かせる相手ではない。しかし、この頃までに商品部は自主開発経験を積み上げ、なかなか頼もしい部門になっていた。私の問いかけに「自分が交渉してみます」と、商品開発部長が手を挙げてくれた。経費も少ない中で、この部長の血のにじむ努力のおかげで、何とカール・ラガーフェルドとのコラボレーションスーツが実現したのである。ブランド名はずばり「アットオフィス」である。

　このプロジェクトの中心的役割を担った女性バイヤーが記者発表も堂々とこなしてくれた。内ポケットに忍ばせた〝エマージェンシー名刺入れ〟はマスコミ受けし、大きな記事がいくつも掲載された。一瞬、「特許申請も」と考えたが、そんな小さいことを言っている場合ではないと思い直した。女性の活躍を支援するのだから業界を挙げて取り組むべきだ、という考えが勝った。ちなみにココ・シャネルは、シャネルスーツがヒットしてコ

「アットオフィス」のスーツ。ジャケット内側のウエスト脇に名刺入れ

ピー商品が出回ったときに、むしろ真似を歓迎したという。その意味でも縦糸がつながった取り組みとなった。その後、他の百貨店でもスーツ売場が復活してきた。売場に入って上着を引っ繰り返すと内ポケットが付いている。これでいいのだ。少しでも百貨店にスーツを求めて顧客がやって来るきっかけができたなら、これ以上の喜びはないのである。

参考文献

『レジャーの科学 レジャー産業のあゆみと将来』 堤清二　実業之日本社
『ウィトルーウィウス建築書』 森田慶一　東海大学出版会
『ルネサンス画人伝』白水社　ジョルジョ・ヴァザーリ著　平川祐弘、小谷年司、田中英道訳
『近代画家論』 ジョン・ラスキン著　内藤史朗訳　法蔵館
『わが友マキアヴェッリ フィレンツェ存亡』 塩野七生　中央公論社
『TOWN9 公園がある。美術館がある。ここは街です。』 西武百貨店編　西武百貨店
『欲望の修辞学』 多木浩二　青土社
『言葉と物』 ミシェル・フーコー著　渡辺一民、佐々木明訳　新潮社
『ジェンダー』 イヴァン・イリイチ著　玉野井芳郎訳　岩波書店
『ディスタンクシオン』 ピエール・ブルデュー著　石井洋二郎訳　藤原書店
『最後の親鸞』 吉本隆明　春秋社
『荀子』 内山俊　評論社
『私の歎異抄』 紀野一義　筑摩書房
『千のプラトー』 ジル・ドゥルーズ、フェリックス・ガタリ著　宇野邦一、小沢秋広、田中敏彦、豊崎光一、宮林寛、森中高明訳　河出書房新社
『モードの体系』 ロラン・バルト著　佐藤信夫訳　みすず書房

『人間拡張の原理』 マーシャル・マクルーハン著 後藤和彦、高儀進訳 竹内書店新社
『複製技術時代の芸術』 ヴァルター・ベンヤミン著 佐々木基一編集解説 晶文社
『幻影の時代』 D・J・ブーアスティン著 星野郁美、後藤和彦訳 東京創元社
『ソシュールを読む』 丸山圭三 岩波書店
『欲望の現象学』 ルネ・ジラール著 吉田幸男訳 ウニベルシタス
『物の体系』 ジャン・ボードリヤール著 宇波彰訳 ウニベルシタス
『消費社会の神話と構造』 ジャン・ボードリヤール著 今村仁司、塚原史訳 紀伊国屋書店
『有閑階級の理論』 ソースティン・ヴェブレン著 小原敬士訳 岩波文庫
『ホモ・ルーデンス』 ヨハン・ホイジンガ著 高橋英夫訳 中央公論社
『遊びと人間』 ロジェ・カイヨワ著 多田道太郎、塚崎幹夫訳 講談社
『変革の透視図 脱流通産業論』 堤清二 日本評論社
『消費社会批判』 堤清二 岩波書店
『セゾンの歴史 変革のダイナミズム 上下巻』 由井常彦、柳沢遊、田付茉莉子、橋本寿朗、小山周三、由井常彦編 リブロポート
『セゾンの発想 マーケットへの訴求』 上野千鶴子、中村達也、田村明、橋本寿朗、三浦雅士 リブロポート
『セゾンの活動 年表・資料集』 セゾングループ史編纂委員会 リブロポート
『生活総合産業論』 セゾンコーポレーション編著 リブロポート

おわりに

ここまでお付き合いいただきましてありがとうございます。何か一つでもモノの見方のヒントを受け止めていただけたとしたら、これほど幸せなことはありません。

よく言われることですが、コップは上から見ると丸いのですが、横から見ると長方形や台形をしています。モノの見え方は見方によってまるで変わるのです。しかし、人はついつい同じ方向から習慣的にモノを見てしまいます。そのため新しい発見や発想ができないのだと思います。本文でも述べましたが、新しいユニークなモノを開発しようと思ったら、流行や競合情報に振り回されることなく、ターゲット顧客を一点凝視することです。そして歴史観を持ちながら、視点を変えて微妙な変化を感じ取ることが大切です。その際に重要なのが、物事をコンテクスト（文脈）として読み取るということです。

そこにシニフィエを見つける人を私はマーケターと呼んでいますが、「どういうことをすればマーケターになれるのですか」という質問をよく受けます。まず、一定程度の基礎知識は読書で整えるべきだと思います。しかし、知識はあくまで基礎であって、全てを満たすものではありません。大事なのは三つの要素だと常々思っています。一つは何にでも興味を持つこと、〝好奇心〟です。二つ目は、これが最も重要なキーワードなのですが、〝猜疑心〟です。一般的な考え方では、持ってはいけない心のように扱われ、悪いイメージで捉えられています。しかし、きれいに整ったモノを見たら、裏はどうなっているのだろうと疑ってかかることがマーケターには必要です。これにより新しい発想や変化を見逃さない習慣が身につきます。そして三つ目は〝行動力〟です。自ら動いて得た体験に勝るものはありません。四の五の言わずに、すぐに動くことが大切です。

また、本書を通してシニフィエの構造についてもご理解いただけたと思います。最近の若者の変化をシニフィエという視点から少し考えてみましょう。コンテクスト技法で捉えるために少し歴史を遡《さかのぼ》ります。

ドイツの建築家ブルーノ・タウト（1880〜1938年）は1930年代に来日し、しばらく日本に滞在しました。桂離宮を絶賛し、日光東照宮を日本文化の大敗北とこき下ろしたことでも有名なので、ご存じの方も多いと思います。日本ではほとんど建築に携わる機会に恵まれなかったのですが、『日本文化私観』などの書物を通じて日本の美意識に一石を投じています。

私は、タウトが言った「日本の建物には中心性がない」という言葉がとても好きです。

西洋建築の構築的な空間との対比で日本建築を表現した言葉です。キリスト教という心棒が一本通っている西洋に対する、神仏習合という類のない宗教観を許容する日本という理解を背景にしていると思われます。言い換えるなら、まるでたまねぎを剥《む》いているような中心性のなさ。教育の視点で見ても、日本には西洋のような宗教学がないので、良く言えば柔軟なのですが、論理性が乏しい等の欠点もしばしば指摘されます。

教育勅語に戻ろうなどと言うつもりはないのですが、戦後教育には中心性がどうもないように私は感じていたのです。テレビのインタビューで若者にマイクが向けられると、何ともあやふやな答えばかりで、情けなさをよく感じていました。したり顔でまともなことを言ったりするとイジメに遭うから、といった教育専門家の分析などもありました。

しかし最近はそれが一変し、まともな意見をしっかりと言えるようになってきているように感じます。この変化は何なのだろうか。どうも東日本大震災以降に起こってきた事象のような気がしてなりません。震災直後から多くの若者たちがボランティアで動いたことは、記憶に新しいと思います。「何かをしなければ」と自発的に動いたのです。同時に原子力への恐怖も体験したことで、資源や環境の問題も強く意識するようになりました。

企業では今、ＥＳＧの具体的行動が大きなテーマになっています。株価への影響も出るほどに重視されています。このESGが今の若者には内在しているような気がするのです。エシカル志向（倫理的思考）、サステイナブル志向と言えるものが、宗教の代わりの中心性になっているように見えるのです。これからの購買意識を捉えるときに〝サステイナブル〟は、まさにシニフィエなのではないでしょうか。

本書の執筆に際しては、早稲田大学の商学学術院教授で常任理事の恩藏直人先生に背中を押していただき、章立てなどのアドバイスもいただきました。心より御礼申し上げます。出版に際しては、繊研新聞社理事の本川徹宣様と出版部の山里泰様に多大なるお力をいただきました。心から感謝いたします。また、私の迷文を整えるご苦労をいただいた編集者の宮下政宏様にはまさに頭の下がる思いです。

最後に本書を読み終えた読者の皆様にお願いがあります。お時間のあるときに、ぜひ無印良品やロフトを見たり、イープラスやセゾンカードのサービスを体験してほしいのです。それぞれの現場にセゾン・マーケティングが脈々と生きていると感じていただけるはずです。さらに、私の古巣の西武やそごう、伊勢丹、高島屋をはじめ、各百貨店にシニフィエを見つけに立ち寄っていただければ、この上ない幸せです。

2020年4月　松本　隆

シニフィエを買いに。

これからのための
セゾン・マーケティング論

2020年5月25日　初版 第1刷発行

著　　者　松本《まつもと》 隆《りゅう》
発 行 者　佐々木幸二
発 行 所　繊研新聞社
〒103-0015
東京都中央区日本橋箱崎町 31-4 箱崎 314 ビル
TEL.03 (3661) 3681
FAX.03 (3666) 4236
制　　作　櫻井彩衣子
印刷・製本　(株) シナノパブリッシングプレス

乱丁・落丁本はお取り替えいたします。

ISBN978-4-88124-337-4 C3063